御書と青年

池田大作

聖教新聞社

目　次

装幀　平柳豊彦

一、本書は、「聖教新聞」に連載された「御書と青年」（二〇一〇年一月〜十二月）を一部、加筆訂正し収録したものです。また、新聞で表記されていた対話者名は「──」とし、複数の対話者の発言を一つにまとめた箇所等もあります。

一、御書の引用は『新編日蓮大聖人御書全集』（創価学会版）を（御書〇〇ページ）、法華経の引用は『妙法蓮華経並開結』（創価学会版）を（法華経〇〇ページ）と表記しました。

一、仏教用語の読み方は、『仏教哲学大辞典』（第三版）を参照しました。

一、引用および参照した箇所には、＊を付し、巻末に書籍等を示しました。その際、読みにくい漢字にはふりがなを施し、旧字体を新字体に、歴史的かなづかいを現代かなづかいに改めたものもあります。

一、肩書、名称、時節等については、掲載時のままにしました。

一、引用文中、編集部による注は、（＝　）と記しました。

──編集部

御書と青年

師弟誓願《していせいがん》の祈《いの》り

御書は「希望」「勇気」「智慧《ちえ》」の泉《いずみ》

池田名誉会長　時代は、大きく動いている。激動《げきどう》の時こそ、青年の出番《でばん》だ。

青年には勇気がある。

青年には活力がある。

青年にはビジョンがある。

いよいよ青年が、壮大《そうだい》な「世界広宣流布《こうせんるふ》」の一切《いっさい》を担《にな》い立つ時が到来《とうらい》しました。だからこそ、私は御書を根幹《こんかん》に、若き大切な君《きみ》たちへ、「青春勝利の指針《ししん》」を語《かた》っておきたいのです。

――　私たち青年のために、このような機会《きかい》をもってくださり、本当にありがとうございます。青年部は、先生のご期待にお応《こた》えして「行学《ぎょうがく》の二道《にどう》」に励《はげ》み、断固《だんこ》と戦い勝ちます。先生のもと、「世界一の生命哲学《てつがく》」を学び実践《じっせん》できる。これほど充実《じゅうじつ》した青春はありません。同世代《どうせだい》の多くの友が、確《たし》かな人生の目的も指標《しひょう》も見出《みいだ》せずにいます。大仏法《だいぶっぽう》を今こそ語《かた》っていきます。

名誉会長 そうだ。頑張《がんば》ってもらいたい。君《きみ》たちには、最高無上《むじょう》の青春の舞台《ぶたい》が広がっている。喜《よろこ》び勇《いさ》んで躍《おど》り出《で》なければ、自分が損《そん》をする。

日蓮大聖人は「始めて我《わが》心本来の仏《ほとけ》なりと知るを即《すなわ》ち大歓喜と名《なづ》く所謂《いわゆる》南無妙法蓮華経は歓喜の中の大歓喜なり」(御書七八八ジベー)と仰《おお》せになられました。

自分が思っている以上に、わが生命は尊《とうと》い。無量《むりょう》の宝《たから》を秘《ひ》めている。「勇気ある信心」があれば、自《みずか》らの可《か》能性《のうせい》をもっともっと解《と》き放《はな》ち、輝《かがや》かせていくことができる。

――ありがとうございます。社会には、青年の夢を奪《うば》う暗《くら》いニュースがあふれています。その中で私たちは、常《つね》に人生の師《し》の励ましをいただき、何があっても希望に燃《も》えて前進することができます。この栄光の道を、一人《ひとり》でも多くの若き友に訴《うった》え、仲間《なかま》を増やします。

名誉会長　「持《たも》たるる法だに第一ならば持つ人随《したが》って第一なるべし」（御書四六五ジペー）と大聖人《だいしようにん》は断言《だんげん》なされた。

人間の価値《かち》は、何《なん》で決まるのか。どういう哲学《てつがく》を持《も》って行動しているかで決まる。君《きみ》たちは若くして「第一の法」を持ち、社会に貢献《こうけん》している。ゆえに人間として「第一に尊貴《そんき》」なのです。この誇《ほこ》りを忘《わす》れてはいけない。

◆戸田先生「疲《つか》れた時こそ、御文《ごもん》を心肝《しんかん》に」

――池田先生と対談集《たいだんしゅう》を発刊《はっかん》された、女性の未来学者ヘンダーソン博士も、「創価学会は、一人《ひとり》一人がもつ可能性《かのうせい》を深く自覚《じかく》し、その可能性の開発を常《つね》に教えてきました。人間の可能性を認識《にんしき》し、開発していく作業《さぎょう》は、人間として最《もっと》も幸福な生き方ではありませんか！」と語《かた》っておられました。創価の青春は、世界の知性《ちせい》も讃嘆《さんたん》する最先端《さいせんたん》です。

名誉会長　正《ただ》しき人間主義《しゅぎ》の哲学、生命尊厳《そんげん》の法理《ほうり》を人類《じんるい》は渇望《かつぼう》しています。

私も青年時代、常に御書を携《たずさ》えて奔走《ほんそう》した。移動《いどう》の列車の中でも寸暇《すんか》を惜《お》しんで御書を繙《ひもと》きました。

――昭和三十二年（一九五七年）の冬、列車で、たまたま先生と向かい合わせに座《すわ》った母子が、その時の心温《あたた》まる励《はげ》ましを胸《むね》に入会しました。その方も、先生が「黒革《くろかわ》の分厚《ぶあつ》い本」を真剣《しんけん》に学ばれていたことを、鮮烈《せんれつ》に記憶《きおく》されていました。いうまでもなく、その本は御書です。

名誉会長　ともかく、勉強していなかったら、戸田先生の前には行けない。自分の信心も深まらないし、大勢《おおぜい》の同志《どうし》を励ますこともできない。だから真剣でした。

ある冬の日、戸田先生のもとへ伺《うかが》うと、大変お疲《つか》れのご様子《ようす》でした。それなのに「何《なん》でも聞きなさい」と言われる。

本当に申《もう》し訳《わけ》なかったが、研鑽中《けんさんちゅう》だった「百六箇抄《ひゃくろっかしょう》」についてお尋《たず》ねすると、笑《え》みを浮《う》かべられて甚深《じんじん》の講義《こうぎ》をしてくださった。忘《わす》れられません。青年の真摯《しんし》な求道心《きゅうどうしん》には、大《だい》情熱《じょうねつ》で応《こた》えてくださる先生でした。

――今、海外の池田華陽会《かようかい》の友も、直接《ちょくせつ》、受講《じゅこう》する思いで、先生の御書講義の研鑽を重《かさ》ねています。

名誉会長　私たちには、御書がある。これほど強いことはない。「法華経《ほけきょう》に勝《まさ》る兵法《へいほう》なし」です。一ページでも一節《いっせつ》でもいい。大聖人《だいしょうにん》の御《ご》精神《せいしん》を求《もと》め抜《ぬ》いていくのです。戸田先生はよく、「行き詰《づ》まった時こそ、御書を開け」「疲《つか》れた時こそ、御文《ごもん》を心肝《しんかん》に染《そ》めよ」と語《かた》られた。

御書を開けば、「希望」も「勇気」も「智慧《ちえ》」も、いくらでも湧《わ》いてくる。絶対の確信《かくしん》が生まれる。決《けっ》して尽《つ》きない「泉《いずみ》」のようなものです。

―― 婦人部の先輩《せんぱい》が、女子部メンバーに、「どんな人生の悩《なや》みも、御書に解決《かいけつ》の道が記《しる》されています。『冬は必《かなら》ず春となる』ですよ」と励《はげ》ましてくれたことがあります。

名誉会長 本当にその通りだ。いかなる大学者も、大富豪《だいふごう》も、「生老病死《しょうろうびょうし》」という人生の根本《こんぽん》問題だけは、いかんとも解決しがたい。

大聖人は仰《おお》せになられた。「一切衆生《いっさいしゅじょう》の異《い》の苦《く》を受《う》くるは悉《ことごと》く是《こ》れ日蓮一人《いちにん》の苦なるべし」（御書七五八㌻）と。そして、あらゆる苦悩《くのう》を必ず勝ち越《こ》えていける解答《かいとう》を、御書に留《とど》めてくださったのです。

その力《ちから》を一人《ひとり》一人が現実の生活の中で発揮《はっき》し、日本中、世界中で「常楽我浄《じょうらくがじょう》」の人生を歩《あゆ》んできた。そして立正安国《りっしょうあんこく》に尽《つ》くしている。これが創価の誇《ほこ》り高き八十年です。

――私たち青年部は、学会精神《せいしん》を受《う》け継《つ》ぎ、新《あら》たな大勝利の歴史を開きます。その意味で、第一回は、戦いの原動力《げんどうりょく》となる「祈《いの》り」について、ぜひ、お伺《うかが》いしたいと思います。本部幹部会などで、先生と一緒《いっしょ》に唱題《しょうだい》させていただいた各地の友から「満々《まんまん》たる生命力と勇気がみなぎります」等、感謝と決意の声が寄《よ》せられています。

◆唱題は大宇宙《だいうちゅう》と小宇宙の交流《こうりゅう》

名誉会長　題目が一切《いっさい》の原動力です。

私も、戸田先生とよく一緒に唱題をさせていただいた。学会本部でも、先生の御自宅《ごじたく》でも、地方の拠点《きょてん》でも。一回一回が宝《たから》でした。

先生の事業《じぎょう》が一番、大変な時も、「生命力が弱っていては戦《いくさ》はできないぞ」と厳《きび》しく叱《しっ》咤《た》されて、弟子《でし》のために導師《どうし》をして、祈ってくださった。

「御義口伝《おんぎくでん》」には「師子吼《ししく》」の意義《いぎ》について「師弟共《していとも》に唱《とな》うる所の音声《おんじょう》なり」（御書七四八ジペー）とあります。先生と唱える題目は、まさに宇宙をも揺《ゆ》さぶるような「師子吼」でした。勝ち戦への轟《とどろ》きです。

ともあれ、「祈《いの》り」は宗教《しゅうきょう》の根源《こんげん》です。

祈りは人間にしかできない崇高《すうこう》な行為《こうい》です。

何を、どう、祈っているのか。祈りにその人の一念《いちねん》が如実《にょじつ》に現《あらわ》れる。

私たちの祈りは、いわば、大宇宙《だいうちゅう》と人間生命の小宇宙との深遠《しんえん》なる交流《こうりゅう》の儀式《ぎしき》です。南無妙法蓮華経は、宇宙と生命を貫《つらぬ》く根本《こんぽん》の大法則《だいほうそく》だからです。

――人間とかけ離《はな》れた超越的《ちょうえつてき》な存在《そんざい》に、何かをしてもらおうという心根《こころね》とは、まったく違《ちが》いますね。

名誉会長 そう。ただ拝《おが》めば叶《かな》うなどという、安直《あんちょく》な次元《じげん》ではない。

「仏法と申《もう》すは道理なり」(御書一一六九ジペー)です。スポーツ部の友にも語《かた》ったことがあるけれども、真《しん》の祈りは、これ以上ないという「努力《どりょく》」と直結《ちょっけつ》しているのです。

仏法は、人間の生命に限《かぎ》りない尊厳性《そんげんせい》を認《みと》めている。その生命の偉大《いだい》な力《ちから》を実際《じっさい》に開いていく仏道修行《ぶつどうしゅぎょう》が、唱題行《しょうだいぎょう》です。南無妙法蓮華経の題目は、人類《じんるい》の潜在力《せんざいりょく》を開く無限大《むげんだい》の力を持っているのです。

――新しく活動を始めた友から、「どのように祈ったらいいのでしょうか?」と質問《しつもん》されることがあります。

名誉会長　そんなに、難《むずか》しく考えなくていいんだよ。

自分らしく、ありのままの姿《すがた》で御本尊の前に端座《たんざ》すればいいのです。そして苦《くる》しいことも、つらいことも、そのまま祈《いの》っていけばいい。

「苦《く》をば苦とさとり楽《らく》をば楽とひらき苦楽ともに思い合《あわ》せて南無妙法蓮華経とうちとな《唱》へゐ《居》させ給《たま》へ」（御書一一四三㌻）と教えてくださっている通りです。

――　よくわかりました。今、各地で新入会の友も信心の体験《たいけん》をつかみ、確信《かくしん》を深めています。

◆「我《われ》、地涌《じゆ》の菩薩《ぼさつ》なり」との自覚《じかく》で

名誉会長　うれしいね。
「諸法実相抄《しょほうじっそうしょう》」では、「皆地涌の菩薩の出現《しゅつげん》に非《あら》ずんば唱《とな》へがたき題目なり」（御書一三六〇㌻）と言われています。題目を唱えられるということ、それ自体《じたい》が、いかに深い宿縁《しゅくえん》であるか。

大聖人《だいしようにん》は「日蓮と同意《どうい》ならば地涌《じゆ》の菩薩《ぼさつ》たらんか」（御書一三六〇ジペー）とも仰《おお》せです。広《こう》宣流布《せんるふ》に生き、題目を唱《とな》えゆく青年は、皆、最《もつと》も尊極《そんごく》な地涌の菩薩なのです。

―― 学会とともに、広布《こうふ》に進む決意をもって唱える題目が、地涌の菩薩の「誓願《せいがん》の題目」なのですね。

題目は宝刀《ほうとう》である。池田先生は「本当の決意を込《こ》めた題目をあげよ！ 題目は利剣《りけん》である。題目で勝つのだ！」との戸田先生のご指導を教えてくださいました。

名誉会長 友の幸福を願《ねが》い、広宣流布を願って題目をあげていく。学会活動をし、折伏《しやくぶく》に挑戦《ちようせん》していく。

それ自体が、立派《りつぱ》な「誓願の祈《いの》り」であり、「誓願の実践《じつせん》」なのです。

地涌の菩薩は、法華経《ほけきよう》の涌出品《ゆじゆつぽん》で大地の底《そこ》から現《あらわ》れ、末法《まつぽう》における広宣流布を誓願した。

私たちは、その誓願のままに創価学会員として生まれ、戦っているのです。

「いえ、そんなことを誓《ちか》った覚《おぼ》えはありません」と言うかもしれない。（笑い）

でも仏法の眼《まなこ》から見れば、また生命の因果《いんが》から見れば、厳粛《げんしゆく》なる真実《しんじつ》なのです。

―― 現代において、この「地涌の誓願」を実践しているのは、いったい誰《だれ》か。創価の師弟《してい》しかありません。

名誉会長　大地震（二〇一〇年一月）に襲《おそ》われた中米《ちゅうべい》のハイチと先日、連絡が取れました。本当に甚大《じんだい》な被害《ひがい》でした。被災者《ひさいしゃ》の方々《かたがた》に、心からのお見舞《みま》いを申《もう》し上《あ》げたい。一日も早い復興《ふっこう》を朝《あさ》な夕《ゆう》な祈《いの》っています。大変な状況《じょうきょう》の中で、現地《げんち》の支部長が送ってくれた報告には、こう綴《つづ》られていました。

「私たちには御本尊があり、師匠《ししょう》がいます。創価学会の気高《けだか》い同志《どうし》がいます。すべてを乗《の》り越《こ》えて、前進をする勇気が湧《わ》いてきます。池田先生！　私たちハイチのＳＧＩ（創価学会インタナショナル）メンバーは、何があっても勝ち進んでいきます！」と。

隣《となり》のドミニカ共和国《きょうわこく》の尊《とうと》き同志も救援《きゅうえん》に尽力《じんりょく》してくれ、復興を目指《めざ》して第一回の座談会《ざだんかい》が力強《ちからづよ》く行《おこな》われます。

私たちは、誓願《せいがん》の祈りで、深く強く結《むす》ばれている。

創価学会は「我《われ》、地涌《じゆ》の菩薩《ぼさつ》なり」との自覚《じかく》で立ち上がった仏勅《ぶつちょく》の団体です。どれほど尊いか。この「地涌の菩薩」の覚悟《かくご》がなければ、三類《さんるい》の強敵《ごうてき》をはね返して、悪世末法《あくせまっぽう》に広宣流布《こうせんるふ》を進めることはできません。

――　この誓願の人生を教えてくださったのが、創価学会の牧口先生、戸田先生、そして池田先生の三代会長です。

◆経典《きょうてん》は自身の日記

名誉会長　戸田先生は「広宣流布《こうせんるふ》へ戦う私たちは、皆、虚空会《こくうえ》の儀式《ぎしき》に連《つら》なっていたんだよ」と言われました。

要《よう》するに、折伏《しゃくぶく》にせよ、広宣流布にせよ、「人から言われたから」やるのではない。私たちは皆、「自分で誓《ちか》い願《ねが》って」、地涌《じゆ》の菩薩《ぼさつ》として生まれてきた。

そう決めて拝読《はいどく》すれば、御書の内容《ないよう》も何重《なんじゅう》にも深く生命に響《ひび》きます。

法華経《ほけきょう》も同じです。「八万四千の法蔵《ほうぞう》は我身《わがみ》一人《いちにん》の日記文書《もんじょ》なり」（御書五六三ジペー）とある通りだ。御書を一切《いっさい》、自分の生命のことを説《と》き明《あ》かした経典と拝《はい》しているから、学会は強いのです。負《ま》けないのです。

――地涌の菩薩は、厚《あつ》い大地を打《う》ち破《やぶ》って、歓喜踊躍《かんきゆやく》して出現《しゅつげん》しました。私たちもまた、現実の悩《なや》みに負けずに、朗《ほが》らかに、自分の使命《しめい》に生《い》き抜《ぬ》いていかねばならないと決意しています。

名誉会長　地涌《じゆ》の菩薩《ぼさつ》は、最《もっと》も大変な時に、最も大変な場所に勇《いさ》み立《た》って出現《しゅつげん》する。みんなも、そうなんだよ。

今、直面《ちょくめん》している困難《こんなん》は、信心の眼《まなこ》で見れば、自《みずか》ら願《ねが》った使命《しめい》です。そう確信《かくしん》して前進することが、「誓願《せいがん》の祈《いの》り」の証《あかし》です。

仕事のこと、経済苦《けいざいく》、人間関係の悩《なや》み、病気《びょうき》の克服《こくふく》など、目下《もっか》の課題《かだい》に打ち勝つために、猛然《もうぜん》と祈ることとです。自分自身が、断固《だんこ》として勝利の実証《じっしょう》を示《しめ》していくことが、同じような苦《くる》しみに直面する友を励《はげ》ます光《ひかり》となる。

「宿命《しゅくめい》」を「使命」に変える。これが「願兼於業《がんけんおごう》」（願、業を兼《か》ぬ）の祈りです。

勇気を奮《ふる》い起《お》こして、自他共《じたとも》の幸福を祈ることだ。そこに深い慈悲《じひ》がある。

自分だけでない。人の幸福を祈る中で、自分の悩みを悠々《ゆうゆう》と見下《みお》ろせる境涯《きょうがい》が開かれていくのです。

自らの悩みを抱《かか》えながら、それに押《お》しつぶされない。「難来《なんきた》るを以《もっ》て安楽《あんらく》」（御書七五〇ジペー）と、広宣流布《こうせんるふ》のため真剣《しんけん》に祈り、勇敢《ゆうかん》に学会活動に打って出る。広布《こうふ》の祈りは、仏《ぶっ》・菩薩の祈りです。

大きな悩《なや》みを引き受け、大きく祈《いの》った分だけ、大きな境涯《きょうがい》を開くことができる。気がついたら、小さな悩みは全部、包《つつ》まれ、乗《の》り越《こ》えられている。ここに「煩悩即菩提《ぼんのうそくぼだい》」の極理《ごくり》があります。

◆関西の母の祈り

――先生は、「一生成仏《いっしょうじょうぶつ》」という自転《じてん》と「広宣流布《こうせんるふ》」という公転《こうてん》の絶妙《ぜつみょう》な関係を教えてくださいました。

名誉会長　自分の人生の課題《かだい》を祈ることと、人々の幸福を願《ねが》う広宣流布への祈りとは、一体です。共《とも》に前進の力《ちから》です。

自分の勝利が、広宣流布の実証《じっしょう》になる。広宣流布を進める創価学会の大発展を強盛《ごうじょう》に祈っている人は、どんなことにも負《ま》けない自分自身になる。王者のような境涯を必《かなら》ず開けるのです。

――この誓願《せいがん》の祈りで、三代の会長と共に、学会を守《まも》り抜《ぬ》いてこられたのが、婦人部の先輩方《せんぱいがた》です。

名誉会長　その通りです。

私が無実《むじつ》の罪《つみ》で逮捕《たいほ》された、あの大阪事件の時もそうでした。弁護士さえ「有罪《ゆうざい》を覚悟《かくご》」と言う厳《きび》しい裁判《さいばん》であった。しかし、関西の母たちは「負《ま》けたらあかん」と一心不乱《いっしんふらん》に祈《いの》り抜《ぬ》いてくれたのです。

昭和三十七年（一九六二年）の一月二十五日、裁判は正義《せいぎ》の大勝利の判決《はんけつ》で終わりました。今、この日は「関西婦人部の日」として光り輝《かがや》いています。

――この常勝《じょうしょう》の母の祈りに、池田華陽会《かようかい》の友も続く決意をしています。

名誉会長　地涌《じゆ》の菩薩《ぼさつ》は、いかなる時も「其《そ》の心に畏《おそ》る所無《な》し」（法華経四六六ページ）である。常《つね》に「随喜《ずいき》の心」を発《おこ》し、舞《まい》を舞《ま》うが如《ごと》く戦う。

師匠《ししょう》のためにと、一念《いちねん》に億劫《おくごう》の辛労《しんろう》を尽《つ》くして勇猛精進《ゆうみょうしょうじん》するのです。

地涌の使命《しめい》に目覚《めざ》めることは、汝自《なんじ》身の生命の本源《ほんげん》を知ることだ。なぜ生まれてきたのか。なぜ生きゆくのか。その究極《きゅうきょく》の意義《いぎ》を知ることです。自分の永遠《えいえん》の使命に目覚める以上の歓喜《かんき》はない。これほどの充実《じゅうじつ》はない。これに勝《まさ》る誇《ほこ》りはありません。

大聖人《だいしょうにん》は、流罪《るざい》の佐渡《さど》の地で、愛弟子《まなでし》と共《とも》に「喜悦《きえつ》はかりなし」（御書一三六〇ページ）と宣《せん》言《げん》されました。地涌《じゆ》の生命を現《あらわ》すことは、人間の無窮《むきゅう》の内発性《ないはつせい》を開花《かいか》させることです。これは人類《じんるい》の意識を根底《こんてい》から変革《へんかく》し、至上《しじょう》の高《たか》みへ飛翔《ひしょう》させ、結合《けつごう》させゆく平和の大偉業《だいいぎょう》なのです。

◆「内発性を開発」

―― 米《べい》デラウェア大学のノートン博士が、池田先生の薫陶《くんとう》を受けた青年への期待を語《かた》っておられました。「人間の内発性を開発していくのが宗教《しゅうきょう》と教育の本来の使命《しめい》です。その証《あかし》を私は、喜々《きき》として未来への情熱《じょうねつ》をたぎらせゆく学会の青年部員の瞳《ひとみ》の中に見ました」と。

名誉会長　大聖人《だいしょうにん》の仏法の偉大《いだい》さが、世界中で証明《しょうめい》される時代に入っています。

地涌の菩薩《ぼさつ》とは、外見《がいけん》は現実のなかで苦闘《くとう》する菩薩です。しかし、内証《ないしょう》は仏《ほとけ》と同じ境地《きょうち》に立っている。同じように、外見は市井《しせい》の平凡《へいぼん》な一青年《いちせいねん》であっても、偉大な仏の智慧《ちえ》と慈《じ》悲《ひ》と勇気を必《かなら》ず現すことができる。

この「地涌の底力《そこぢから》」を出しきっていくのが、わが創価の青年です。これ以上の「庶民《しょみん》の英雄《えいゆう》」「人間の王者」は他にいません。だから君《きみ》たちは、絶対に負《ま》けてはいけない。

◆一遍《いっぺん》の題目にも偉大《いだい》な功徳《くどく》が

―― はい。二〇〇九年六月に先生と奥様《おくさま》を、創価女子会館にお迎《むか》えした折《おり》、女子部と一緒《いっしょ》に唱題《しょうだい》してくださり、「師弟不二《していふに》の祈《いの》り」の大切さについて教えていただきました。

名誉会長　大聖人《だいしょうにん》は「願《ねが》くは我《わ》が弟子《でし》等《ら》・大願《だいがん》をこせ」（御書一五六一ジペー）と、青年に呼《よ》びかけられました。「大願とは法華《ほっけ》弘通《ぐつう》なり」（御書七三六ジペー）とも仰《おお》せです。

広宣流布《こうせんるふ》の誓願《せいがん》とは、そもそもが「師弟《してい》の誓願」です。

師弟の一念《いちねん》が合致《がっち》して、祈りきっていくところに、計《はか》り知《し》れない力《ちから》が出る。

「祈り」は即《そく》「行動」だ。ゆえに広布《こうふ》と人生の勝利のため、一つ一つ祈り、真剣勝負《しんけんしょうぶ》で行動していくのです。

―― 仕事が忙《いそが》しくて、思うように題目をあげる時間がとれないといった悩《なや》みを抱《かか》えるメンバーもいます。

名誉会長　心配《しんぱい》いらないよ。窮屈《きゅうくつ》に考える必要《ひつよう》は、まったくありません。

一遍《いっぺん》の題目にも、どれほどの力《ちから》があるか。

御書には、「一遍此《こ》の首題《しゅだい》（＝題目）を唱《とな》へ奉《たてまつ》れば一切衆生《いっさいしゅじょう》の仏性《ぶっしょう》が皆よばれて爰《ここ》に集まる」（四九八ジペー）と説《と》かれる。

真剣《しんけん》に、心を込《こ》めて題目を一遍、唱えるだけでも、大功力《だいくりき》がある。それほど、すごい妙法なのです。

ただ、だからといって、ずる賢《がしこ》くサボろうという一念《いちねん》では、駄目《だめ》だよ。（笑い）

「心こそ大切なれ」（御書一一九二ジペー）です。今は歯《は》を食《く》いしばって、人の何倍《なんばい》も苦労し

御聖訓

願《ねが》わくは我《わ》が弟子等《でしら》・大願《だいがん》ををこせ

「上野殿御返事《うえのどのごへんじ》」御書一五六一ジペー

ながら、堂々《どうどう》と信心即《そく》生活、仏法即社会の実証《じっしょう》を示《しめ》していくのです。

青年部は声高《たか》らかに題目を唱《とな》え、思《おも》う存分《ぞんぶん》に走り回ることだ。そして、正義《せいぎ》を叫《さけ》んで、断《だん》じて勝ちなさい。君《きみ》たち創価の青年の躍進《やくしん》勝利こそが、二十一世紀の人類《じんるい》の未来を開くからです。

仕事と信心

職場は「人間革命《かくめい》」の道場《どうじょう》

――前回の「師弟誓願《していせいがん》の祈《いの》り」には、全国の青年部員から多くの感動《かんどう》と感謝の声が寄《よ》せられました。皆、生まれ変わったように清新《せいしん》な息吹《いぶき》で題目をあげ、「地涌《じゆ》の菩薩《ぼさつ》」の誇《ほこ》りを胸《むね》に前進しています。池田先生！　本当にありがとうございます。

名誉会長　うれしいね。アメリカをはじめ、海外の青年部からも、決意あふれる報告が届《とど》いています。世界中で、青年が立ち上がっている。新しい広宣流布《こうせんるふ》の勝利への回転《かいてん》が始まった。

その原動力《げんどうりょく》が御書です。

日蓮大聖人は「行学《ぎょうがく》たへなば仏法はあるべからず、我《われ》もいたし人をも教化候《きょうけそうら》へ」（御書一三六一ジペー）と仰《おお》せです。きょうも大いに学び合おう！

――はい。よろしくお願《ねが》い致《いた》します。創価班、牙城会《がじょうかい》、白蓮《びゃくれん》グループなど役員へも、多大《ただい》な激励《げきれい》をいただき、本当にありがとうございます。

名誉会長　この冬も皆、寒風《かんぷう》に胸《むね》を張《は》って頑張《がんば》ってくれている。青年がこれほど真剣《しんけん》に行動している世界が、どこにあるか。最《もつと》も清々《すがすが》しい連帯《れんたい》です。

皆が風邪《かぜ》をひかないように、事故《じこ》がないように、そして一人《ひとり》ももれなく幸福になり、勝利者となっていくよう、妻《つま》と共《とも》に題目を送っています。

◆農漁光部《のうぎょこうぶ》の友が活躍《かつやく》

――ありがとうございます。一日一日《いちにち》、金《きん》の歴史を刻《きざ》んでいます。今回は、青年部の多くのメンバーが直面《ちょくめん》している「仕事」の問題について、お伺《うかが》いできればと思います。

名誉会長　大事《だいじ》なテーマです。真摯《しんし》に生きゆく青年ならば、必《かなら》ず格闘《かくとう》する命題《めいだい》でしょう。

御書には、仕事で勝利するための智慧《ちえ》が明快《めいかい》に示《しめ》されています。

入信してまもない頃《ころ》、「御《おん》みやづかい《仕官》を法華経《ほけきょう》とをぼしめせ」（御書一二九五ジペー）との御《ご》金言《きんげん》を初《はじ》めて拝《はい》した時の感動《かんどう》は忘《わす》れられない。

「自分の仕事を法華経《ほけきよう》の修行《しゆぎよう》と思っていきなさい」と、大聖人《だいしようにん》は仰《おお》せです。

仕事もまた、自身の境涯《きようがい》を開く修行となるのです。何《なん》と心が広がり、そして何と勇気がわく励《はげ》ましの御聖訓《ごせいくん》か。

―― 境涯の広がりといえば、私たちは、先生の成《な》し遂《と》げてこられた「仕事」の大きさに、圧倒《あつとう》される思いです。

名誉会長 若き日から働《はたら》いて働いて、働き通《どお》しだったからね。小さい頃《ころ》も、よく働いた。

御聖訓

御《おん》みやづかい《仕官》を法華経《ほけきよう》とをぼしめせ

「檀越某御返事《だんおつぼうごへんじ》」御書一二九五ジペー

わが家《や》は、父がリウマチを患《わずら》い、四人の兄は次々《つぎつぎ》と徴兵《ちょうへい》です。五男の私は、未明《みめい》から起《お》きて、家業《かぎょう》の海苔作《のりづく》りを手伝《てつだ》いました。それが終わると、新聞配達《はいたつ》に走る。学校から帰《かえ》ってくると、今度《こんど》は夕刊《ゆうかん》の配達です。

「はたらく」とは「はた（周囲《しゅうい》）を楽《らく》にすること」と言われるが、幼《おさな》いながら、それを実感《じっかん》することもあった。

ようやくできあがった海苔を背負《せお》って問屋《とんや》に持って行くのも、私の仕事でした。「うちの海苔は、いい海苔ですよ」というと、問屋さんも「ああ、わかってるよ」と応《こた》えてくれた。

だから、農漁光部《のうぎょこうぶ》の同志《どうし》のご苦労も、誇《ほこ》りも、喜《よろこ》びも、私の胸《むね》に深く迫《せま》ります。

御書には「民《たみ》のほね《骨》をくだける白米《はくまい》」（一三九〇ジペー）と仰《おお》せです。「命《いのち》」そのものである「食《しょく》」を育《はぐく》む仕事がいかに尊貴《そんき》であるか。すべて、大聖人《だいしょうにん》は御照覧《ごしょうらん》なのです。

――農漁光部の青年は、各地の体験主張《たいけんしゅちょう》大会などで大活躍《だいかつやく》しています。高齢化《こうれいか》や後継者《こうけいしゃ》の問題などで悩《なや》む地域で、希望と光る存在《そんざい》です。

名誉会長　よく伺《うかが》っています。尊《とうと》き使命《しめい》の青春です。

◆油《あぶら》と汗《あせ》にまみれて

名誉会長　戦時中《せんじちゅう》、私は、蒲田《かまた》の新潟鉄工所で油と汗にまみれて、ハンマーを振《ふ》るい、旋盤《せんばん》を使《つか》って働《はたら》きました。神経《しんけい》の張《は》りつめる労作業《ろうさぎょう》の連続でした。

戦後《せんご》は、西新橋《にししんばし》の昭文堂印刷《しょうぶんどういんさつ》でお世話になり、働きながら夜学《やがく》に通《かよ》い学び続けました。

毎朝、家を出るのは六時半頃《ころ》だったと記憶《きおく》しています。

営業に回って印刷物の注文《ちゅうもん》を取るとともに、刷《す》り上《あ》がりの校正《こうせい》まで責任《せきにん》を持つ仕事です。体当《たいあ》たりで取り組んだ。家族的な温《あたた》かい雰囲気《ふんいき》の職場でした。ある先輩《せんぱい》が「池田君、人生は『当たって砕《くだ》けよ』だ。大切なのは勇気だよ」と励《はげ》ましてくれたことも、懐《なつ》かしい。

主人《しゅじん》の黒部武男さんが本当に大事《だいじ》にしてくださった。微熱《びねつ》や血痰《けったん》が続き、どうしても体《たい》調《ちょう》がすぐれないので、惜《お》しまれながら退社《たいしゃ》しました。

その後、家の近くの蒲田工業会《こうぎょうかい》に事務員書記《じむいんしょき》として勤務《きんむ》しました。小さな職場でしたが、郷土《きょうど》の町工場《まちこうば》など中小企業《ちゅうしょうきぎょう》の復興《ふっこう》のために設立《せつりつ》された大切な機関《きかん》です。

やがて戸田先生とお会いし、先生の経営される出版社《しゅっぱんしゃ》の日本正学館《にほんしょうがっかん》で働《はたら》くことになりました。その折《おり》、工業会《こうぎょうかい》の職員の方々《かたがた》が全員で送別会を開いて送り出してくださった真心《まごころ》も、忘《わす》れられません。

どんな仕事でも、どこの職場でも、真剣勝負《しんけんしょうぶ》で働いて、信頼《しんらい》を勝ち得《え》てきたことが、私の青春の誉《ほま》れです。

「御《おん》みやづかい《仕官》」の御文《ごもん》の後には、法華経《ほけきょう》の文を天台大師《てんだいだいし》が釈《しゃく》した「一切世間《いっさいせけん》の治生《ちせい》産業は皆実相《じっそう》と相違背《あいいはい》せず」との言葉《ことば》が記《しる》されている（御書一二九五㌻）。

これは法華経を持《たも》った人の功徳《くどく》を述《の》べた一節《いっせつ》です。

社会の一切の営《いとな》みや日常《にちじょう》生活は、実相（妙法）と相反《あいはん》することはない。信心を根本《こんぽん》とした行動は、地味《じみ》なようであっても、すべて「妙法」の輝《かがや》きを放《はな》っているのです。

世のためにと働くことは、何よりも尊《とうと》い。職種《しょくしゅ》とか、会社の大きさとか、地位とかは関係ありません。一日《いちにち》一日、妙法を唱《とな》え、真摯《しんし》に行動をして社会に貢献《こうけん》している人は、皆、仏《ほとけ》になりゆく生命の正道《せいどう》を進んでいるのです。

◆「仕事は三人前」の決意で

――先生が歩《あゆ》まれた道に私たちも続いてまいります。「信心は一人前《いちにんまえ》、仕事は三人前」という学会指導があります。私たちの立場《たちば》でいえば、どう受《う》け止《と》めて実践《じっせん》していけばいいでしょうか。

名誉会長　一言《ひとこと》でいえば、「努力《どりょく》」です。人の三倍の努力を心がけ、会社や社会の発展の原動力《げんどうりょく》になっていくということです。信心は、その源泉《げんせん》なのです。

――「信心しているからこそ努力が大事《だいじ》」ということですね。

名誉会長　その通りです。

祈《いの》りから出発して、祈りの通りに行動する。これが本当の「信心即《そく》生活」です。

それぞれの仕事に、それぞれの修行《しゅぎょう》と鍛錬《たんれん》があります。

戸田先生も厳《きび》しかった。社員が、仕事で外《そと》に出る。先生は知らんぷりをしながら、何時に出たかをちゃんと見ている。もし想定《そうてい》される時間を超《こ》えて社《しゃ》に戻《もど》ってくると、「遅いじゃないか。寄《よ》り道《みち》してきたのか」と叱《しか》られる。

私も原稿《げんこう》を作家《さっか》から受け取って、そのまま急《いそ》いで戻ってくると、先生から、いきなり

「原稿《げんこう》の感想《かんそう》を言いなさい」と言われて、冷《ひ》や汗《あせ》をかいたことがある。電車の中でも、目を通《とお》して頭に入れる。そうした機敏《きびん》さを持て！　スピーディーであれ！　と、打ちこんでくださったのです。

――すべてが「訓練《くんれん》」だったのですね。

名誉会長　先生の「厳《きび》しさ」は即《そく》「正《ただ》しさ」でした。「仕事」が「人間」をつくる。青年にとって、職場は自《みずか》らの「人間革命《かくめい》」の道場《どうじょう》でもある。そう腹《はら》を決めれば強い。

御書を拝《はい》すると、大聖人《だいしょうにん》は、若き南条時光《なんじょうときみつ》に仕事の姿勢《しせい》を教えてくださっています。たとえば、次のように仰《おお》せです。

「いささか《聊》も主《しゅ》にうしろ《後》めた《痛》なき心あるべからず」「かくれ《隠》ての信あれば・あらはれ《顕》ての徳《とく》あるなり」（御書一五二七ページ）と。

少《すこ》しも「後《うし》ろめたい心」があってはならない。誰《だれ》が見ていなくとも、公明正大《こうめいせいだい》に誠実《せいじつ》を尽《つ》くせ！　その青年が必《かなら》ず勝利するとの仰せです。どんな立場《たちば》であれ、誠心誠意《せいしんせいい》、仕事に取り組んだ青年が、「信用《しんよう》」という、人間として最高の財産《ざいさん》を築《きず》くことができるのです。

◆どん底《ぞこ》から立って一切《いっさい》を変毒為薬《へんどくいやく》

――今、経済不況《ふきょう》の中、仕事の悩《なや》みも千差万別《せんさばんべつ》です。倒産《とうさん》やリストラと戦う友もいます。人員削減《じんいんさくげん》のため、一人《ひとり》で抱《かか》える仕事量《しごとりょう》が急激《きゅうげき》に増えたメンバーもいます。夜勤《やきん》が続いたり、なかなか休みがとれなかったりなど、状況《じょうきょう》はさまざまです。その中で、皆、「負《ま》けじ魂《だましい》」で奮闘《ふんとう》しています。

名誉会長　よく、わかっています。

私も戸田先生の事業《じぎょう》の破綻《はたん》を経験《けいけん》しました。戦後《せんご》の混乱期《こんらんき》で、中小企業《ちゅうしょうきぎょう》の倒産が続出《ぞくしゅつ》した時代です。まだ二十代前半の時でした。会社が倒《たお》れるということが、どんなにつらいことか。私は身をもって味《あじ》わいました。そのどん底から立ち上がって、莫大《ばくだい》な負債《ふさい》を返済《へんさい》していったのです。

阿修羅《あしゅら》の如《ごと》く戦った。そして一切を変毒為薬して、戸田先生に第二代会長に就任《しゅうにん》していただく道を開いたのです。それは、「御義口伝《おんぎくでん》」に仰《おお》せの如く「一念《いちねん》に億劫《おくごう》の辛労《しんろう》」(御書七九〇ジペー)を尽《つ》くし、勇猛精進《ゆうみょうしょうじん》しゆく一日また一日であった。

――多くの友が、先生の青春時代の苦闘《くとう》を鑑《かがみ》として、逆境《ぎゃっきょう》に挑《いど》んでいます。

名誉会長　今の時代、特に若い皆さんが向き合う社会の環境《かんきょう》は、大変に厳《きび》しい。非正規雇用《ひせいきこよう》の増加《ぞうか》など、二十年、三十年前とは状況《じょうきょう》が大きく変わってきています。個人の努力《どりょく》とともに、社会の在《あ》り方《かた》を見直《みなお》し、変えていかねばならない面《めん》もある。

自営業《じえいぎょう》の人も毎日が正念場《しょうねんば》でしょう。諸天善神《しょてんぜんじん》よ、護《まも》りに護れと祈《いの》っています。

御金言《ごきんげん》には、「鉄《くろがね》は炎打《きたい》てば剣《つるぎ》となる」（御書九五八ジ）、また「金《こがね》は・やけば真金《しんきん》となる」（御書一〇八三ジ）とあります。

今、苦労したことが、全部、自分自身の「最高の宝《たから》」になる。苦《く》に徹《てっ》してこそ、宝剣《ほうけん》の如《ごと》く、真金の如く、わが生命を輝《かがや》かせることができるのです。

電話の発明者《はつめいしゃ》として有名なアメリカのグラハム・ベル博士が、新聞記者《きしゃ》から仕事の大変さについて尋《たず》ねられたことがあります。博士は「かなり厳しい地道《じみち》な仕事です。けれどもだからこそ」と微笑《ほほえ》みながら、「私の楽しみでもあるのです」*と結論《けつろん》したという。

どんな問題であれ、「これですべてがうまくいく」という、魔法《まほう》のような解決策《かいけつさく》などない。祈って苦労し抜《ぬ》いて、一つ一つ乗《の》り越《こ》えていく以外にない。仕事も同じです。そして最後は一切《いっさい》が大善《だいぜん》に変わり、必《かなら》ず打開《だかい》できる。

これが「絶対勝利の信心」です。

——はい。有名な「経王殿御返事《きょうおうどのごへんじ》」にも「わざはひ《禍》も転《てん》じて幸《さいわい》となるべし、あひかまへて御信心《ごしんじん》を出《いだ》し此《こ》の御本尊に祈念《きねん》せしめ給《たま》へ、何事《なにごと》か成就《じょうじゅ》せざるべき」（御書一一二四ページ）と仰《おお》せです。

名誉会長　大聖人《だいしょうにん》の仰せは絶対に間違《まちが》いありません。この大功力《だいくりき》の実証《じっしょう》を、皆さんのお父さんやお母さん方など、多くの先輩《せんぱい》たちは、勇気ある信心で築《きず》いてこられたのです。

◆「今」「ここで」勝利者と光れ

——先ほど、お話しくださった「御《おん》みやづかい《仕官》を法華経《ほけきょう》とをぼしめせ」との御文《ごもん》は、弘安元年《こうあんがんねん》（一二七八年）の御手紙《おてがみ》の一節《いっせつ》です。「熱原《あつはら》の法難《ほうなん》」が本格化《ほんかくか》する頃《ころ》でした。

名誉会長　その通りです。この御手紙は、大聖人が、伊豆流罪《いずるざい》、佐渡《さど》流罪に続いて、三度目の流罪にあわれるかもしれないという動きがあった時に認《したた》められました。

大聖人は、もし三度目の流罪があるならば「百千万億倍のさいわいなり」（御書一二九五ページ）と悠然《ゆうぜん》と仰せになられています。これが御本仏《ごほんぶつ》の師子王《ししおう》の大境涯《だいきょうがい》であられる。

そして、御自身《ごじしん》は大難《だいなん》を覚悟《かくご》なされたうえで、社会の激流《げきりゅう》にある一人《ひと》一人《り》の門下《もんか》の身を深く案《あん》じておられたのです。

師匠《ししょう》は、あらゆる大難の矢面《やおもて》に立って戦っているではないか。〝弟子《でし》であるならば、自《みずか》らの使命《しめい》の場所で勇敢《ゆうかん》に戦いなさい！　仕事でも断《だん》じて勝ちなさい！〟との烈々《れつれつ》たる御心《おこころ》が拝《はい》されてならない。

「臆病《おくびょう》」「意気地《いくじ》なし」は、日蓮門下とはいえません。

――勇気をもって、「仏法即《そく》社会」の勝利の実証《じっしょう》を示《しめ》すこと。それが師匠への報恩《ほうおん》となるのですね。

名誉会長　仏道修行《ぶつどうしゅぎょう》の舞台《ぶたい》は、「現実の社会」です。大聖人《だいしょうにん》は「まことの・みち道は世間《せけん》の事法《じほう》にて候《そうろう》」（御書一五九七ジペー）、「智者《ちしゃ》とは世間の法より外《ほか》に仏法を行《おこな》ず」（御書一四六六ジペー）と明言《めいげん》なされている。

自分の仕事や家庭、地域のなかで成長し、向上《こうじょう》し、人間革命《かくめい》をしていく。「今」「ここで」最高の価値《かち》を創造《そうぞう》していく。そのための信心です。「いつか」「どこかにある」理想郷《りそうきょう》に行く――。それは妙法ではありません。爾前経《にぜんきょう》、権経《ごんきょう》の浅《あさ》い考え方です。

観念論《かんねんろん》です。

大聖人《だいしょうにん》の仏法は現実変革《へんかく》の「生きた宗教《しゅうきょう》」です。ゆえに、仏《ほとけ》の異名《いみょう》を「世雄《せおう》」（社会の英雄《えいゆう》）ともいうのです。

その通りの師子《しし》の道を、創価学会は貫《つらぬ》いてきました。不況《ふきょう》の中で雄々《おお》しく戦う社会部や専門部の方々《かたがた》の活躍《かつやく》は、尊《とうと》い模範《もはん》といってよい。

――男子部でも、住宅建設関連《けんせつかんれん》の会社に勤《つと》める関東のあるリーダーは、十九歳の時、アルバイトから出発しました。やがて正社員として採用《さいよう》。実績《じっせき》を評価《ひょうか》されて異例《いれい》の昇進《しょうしん》を遂《と》げ、社長賞も受賞《じゅしょう》しています。仕事が多忙《たぼう》な中、学会で新《あら》たな役職《やくしょく》を受けるたびに弘教《ぐきょう》も実《みの》らせてきました。

名誉会長　本当に偉《えら》い。うれしいね。日本でも世界でも、幾《いく》十万、幾百万の青年が頑張《がんば》ってくれている。私にとってこれほどの喜《よろこ》びはない。

御書には、伝教大師《でんぎょうだいし》の釈《しゃく》を引かれて「浅きは易《やす》く深きは難《かた》しとは釈迦《しゃか》の所判《しょはん》なり浅きを去《さ》つて深きに就《つ》くは丈夫《じょうぶ》の心なり」（三一〇ジペー等）と記《しる》されています。

この「丈夫の心」を持つ人こそ、真《しん》のリーダーなのです。

◆困難《こんなん》な時こそ成長できる

――今、各地の友と語《かた》り合《あ》う中で、「仕事が忙《いそが》しくて、なかなか思うように学会活動の時間がとれない」という悩《なや》みを多く聞きます。

名誉会長　多忙《たぼう》な中で、少《すこ》しでも広宣流布《こうせんるふ》のために行動しようと挑戦《ちょうせん》する。その心が尊《とうと》い。たとえ短時間《たんじかん》でも、勇《いさ》んで活動に取り組めば功徳《くどく》は大きい。むしろ、困難な環境《かんきょう》の中でこそ成長できるのです。

御書に「極楽《ごくらく》百年の修行《しゅぎょう》は穢土《えど》の一日の功徳に及《およ》ばず」（三二九ジー）と御約束《おやくそく》の通りです。大事《だいじ》なのは、心が広宣流布へ向かっていることです。

「きょうは学会活動に行けないけれども、すべて信心の戦いと思って、仕事に全力を尽《つ》くそう」「休日は会合に参加できるよう頑張《がんば》ろう」「皆の前進のために一分でも題目をあげよう」――そう思えれば、勝利です。その強き一念《いちねん》があれば、諸天《しょてん》が動いて、必《かなら》ずいい方《ほう》向《こう》に進んでいく。

ともあれ、皆、さまざまな事情《じじょう》がある。リーダーは一人《ひとり》一人の状況《じょうきょう》をよく聞いて、全員が勇気と希望をもって前進できるよう、具体的《ぐたいてき》な励《はげ》ましを送ってほしい。

――池田先生が男子部の第一部隊《ぶたい》の部隊長として、下町《したまち》を奔走《ほんそう》された時の歴史を伺《うかが》っております。仕事が忙《いそが》しくて、会合に来《こ》られない部員さんのために、先生は自転車で路地《ろじ》裏《うら》を駆《か》けめぐって足を運《はこ》ばれました。一緒《いっしょ》に銭湯《せんとう》に行《い》って語《かた》り合《あ》われたり、残業《ざんぎょう》の多い友のため、日曜日に先生のご自宅《じたく》で懇談《こんだん》をされたり。そうした体当《たいあ》たりの激励《げきれい》によって、無《む》名《めい》の青年が一人《ひとり》また一人と、広布《こうふ》の第一級《だいいっきゅう》の闘士《とうし》に育《そだ》っていったのですね。

名誉会長　心は心に通《つう》じます。一言《ひとこと》の励ましでも、それが一生の支《ささ》えになる場合《ばあい》もある。だから、リーダーは「声を惜《お》しまず」語ることです。

私は東京と大阪を往復《おうふく》する夜行《やこう》列車でも、励ましの葉書《はがき》を綴《つづ》りました。今のように、携《けい》帯《たい》電話やメールなど、なかったんだよ。

ともあれ、若い柔軟《じゅうなん》な頭を使《つか》って工夫《くふう》すれば、友を励ますことはいくらでもできる。

――仕事と学会活動の両立《りょうりつ》については、先生の奥様《おくさま》も『香峯子抄《かねこしょう》』で、「『両立』へ努力《どりょく》することが、将来《しょうらい》になってみますと、自分自身の境涯《きょうがい》を広げ、福運《ふくうん》を積《つ》み、生活力《せいかつりょく》、生命力《せいめいりょく》となって、人生を大きく開いていく礎《いしずえ》になることは、確《たし》かだと思います」と語ってくださっています。女子部メンバーにとって、大きな励《はげ》ましであり、手本《てほん》です。

名誉会長　私と対談集《たいだんしゅう》を発刊《はっかん》した「欧州統合《おうしゅうとうごう》の父」クーデンホーフ＝カレルギー伯爵《はくしゃく》も、「現実に一歩《いっぽ》前進することは空想《くうそう》で何《なん》千歩進むより以上の価値《かち》がある」＊と言われていた。今いる場所で、勇気をもって一歩を踏《ふ》み出《だ》していくのです。そこから開ける。

◆自身が妙法の当体《とうたい》

――　仕事柄《しごとがら》、寮《りょう》生活などで、御本尊を御安置《ごあんち》できないという悩《なや》みをもったメンバーもいます。

名誉会長　かつて戸田先生に、入会まもない女子部員が「『南無妙法蓮華経』の意味について教えてください」と質問《しつもん》をしたことがあった。先生は、満面《まんめん》に笑《え》みを浮《う》かべて答えてくださった。

「いい質問だね。南無妙法蓮華経とは、つきつめれば、日蓮大聖人の御命《おんいのち》と断《だん》じてさしつかえない。大聖人の御生命《ごせいめい》が南無妙法蓮華経ですから、弟子《でし》たるあなたの生命も同じく南無妙法蓮華経なのだよ。自信《じしん》をもち、胸《むね》を張《は》って、朗《ほが》らかに生きなさい」

自分自身が妙法蓮華《みょうほうれんげ》の当体《とうたい》です。

ゆえに一人《ひとり》として絶対に不幸《ふこう》になど、なるわけがない。

御本尊を御安置《ごあんち》できるように真剣《しんけん》に祈《いの》ることは当然《とうぜん》として、信心を貫《つらぬ》き、同志《どうし》と前進するかぎり、何一《なにひと》つ心配《しんぱい》する必要《ひつよう》はありません。

――ところで仏法と世法《せほう》の関係でいえば、「観心本尊抄《かんじんのほんぞんしょう》」には、「天晴《は》れぬれば地明《あきら》かなり法華《ほっけ》を識《し》る者は世法を得可《うべ》きか」（御書二五四ジペー）と仰《おお》せです。

名誉会長　妙法を信じ、行《ぎょう》ずることによって、仕事や生活など社会のあらゆる営《いとな》みで思《おも》

御聖訓

天晴《は》れぬれば地明《あきら》かなり法華《ほっけ》を識《し》る者は世《せ》法《ほう》を得《う》可《べ》きか

「観心本尊抄《かんじんのほんぞんしょう》」御書二五四ジペー

う存分《ぞんぶん》、智慧《ちえ》を発揮《はつき》して活躍《かつやく》していくことができる。
これが仏法の力《ちから》です。仏法は最高の人間学《にんげんがく》といえる。目的観《もくてきかん》や倫理観《りんりかん》がますます見失《みうしな》われている現代社会にあって、その深い闇《やみ》を照《て》らしゆく希望の太陽こそ、君《きみ》たち創価の青年なのです。

――池田先生が対話《たいわ》された、国際宗教社会学会《しゅうきょう》のドブラーレ元会長も、創価学会の特《とく》質《しつ》を、次のように評価《ひょうか》しておられました。

それは、「宗教にとって最《もつと》も本質《ほんしつ》である生《せい》の活力・躍動《やくどう》の力がある。勤行《ごんぎょう》はその源泉《げんせん》といえる」「信仰《しんこう》が単《たん》に個人の次元《じげん》にとどまらず、社会的責任《せきにん》、社会的自覚《じかく》を養《やしな》い、会員が社会の各分野《かくぶんや》で活躍している」「自分たちの社会の発展だけを願《ねが》うのではなく、『地球的規《き》模《ぼ》』で共同体《きょうどうたい》を築《きず》く運動を展開《てんかい》している」等の点です。

名誉会長　私たちの「仏法即《そく》社会」の前進が、文明史《ぶんめいし》のうえからも、どれほど重要《じゅうよう》か。

戸田先生は、「社会に信念《しんねん》の人を」と言われていました。

また「現実社会から遊離《ゆうり》した宗教屋《しゅうきょうや》には、絶対になるな」「国家《こっか》、世界に大いに貢献《こうけん》しゆく指導者と育《そだ》ちゆけ」と期待された。

自分だけの幸福ではない。人々の幸福、社会の繁栄《はんえい》を願《ねが》い、その実現《じつげん》に尽《つ》くすのが真《しん》の仏法者です。今の社会には、心が乾《かわ》き、荒《あ》れ地《ち》のようにすさんでしまった人もいる。自分の居場所《いばしょ》を失《うしな》い、闇《やみ》の中をさまよい苦《くる》しむ若者《わかもの》も少《すく》なくない。

皆さんは同世代《どうせだい》の人たちに励《はげ》ましと希望を送りゆく一人一人《ひとりひとり》であってほしい。苦悩《くのう》する青年の「心の安全地帯《あんぜんちたい》」「精神《せいしん》のセーフティーネット（安全網《あんぜんもう》）」と光る存在《そんざい》であってもらいたいのです。「善《ぜん》の連帯《れんたい》」が社会に広がることで、時代を変革《へんかく》することができるからです。

—— 大企業《だいきぎょう》の社長や役員の秘書《ひしょ》として活躍《かつやく》し、その明るい人柄《ひとがら》と誠実《せいじつ》な姿勢《しせい》で、「学会の女子部は本当に素晴《すば》らしい」と深い信頼《しんらい》を勝ち取っている友もいます。教育、芸術《げいじゅつ》、学術《がくじゅつ》など、あらゆる分野《ぶんや》で女子部メンバーが生き生きと活躍しています。

名誉会長　女子部の持つ使命《しめい》が、どれほど大きいか。大聖人《だいしょうにん》は「女子《おなご》は門《もん》をひらく《開》」（御書一五六六ジペー）と仰《おお》せになられました。

アメリカ・エマソン協会の前会長で女性詩人《しじん》のワイダー博士は、地域や社会で「平和の門」を広げる女子部の活躍を、「皆様と一緒《いっしょ》にいるだけで、私は幸福な気持ちになります。

団結《だんけつ》を強めゆく皆様方の麗《うるわ》しい人間の結《むす》びつきこそ『平和の文化』の土台《どだい》です」と賞讃《しょうさん》してくださいました。

妙法の乙女《おとめ》が真剣《しんけん》に立ち上がれば、周囲《しゅうい》の環境《かんきょう》を大きく変えていくことができる。そのためにも、日々の聡明《そうめい》にして爽《さわ》やかな言動《げんどう》が大事《だいじ》です。

――「教主釈尊《きょうしゅしゃくそん》の出世《しゅっせ》の本懐《ほんかい》は人の振舞《ふるまい》にて候《そうらい》けるぞ」（御書一一七四ジベー）と述《の》べられている通りですね。

名誉会長　仕事にしても、まずは朝に勝つことです。

朝、御本尊に真剣に祈《いの》り、満々《まんまん》たる生命力で職場に行くことだ。そして、清々《すがすが》しい声で「おはようございます！」とあいさつをする。

「声仏事《ぶつじ》を為《な》す」（御書七〇八ジベー）です。自身の「声」で、皆を元気にする。職場を明るくする。そういう気概《きがい》を持つことです。

遅刻《ちこく》したり、だらしない姿《すがた》で出勤《しゅっきん》するようでは、信頼《しんらい》を勝ち取ることはできない。朝に勝つことが、人生に勝つことです。

◆信頼厚《しんらいあつ》き存在《そんざい》に

名誉会長　今は乱世《らんせ》です。皆は、断《だん》じて負《ま》けてはいけない。自分が強く、賢《かしこ》くなることです。力《ちから》をつけることです。

大聖人門下《だいしょうにんもんか》の池上《いけがみ》兄弟は、鎌倉幕府《かまくらばくふ》の建設《けんせつ》・土木事業《どぼくじぎょう》を担《にな》う家柄《いえがら》の出身《しゅっしん》です。ところがある時、周囲《しゅうい》の讒言《ざんげん》によって、鶴岡八幡宮《つるがおかはちまんぐう》の再建工事《さいけんこうじ》の担当《たんとう》から外《はず》されてしまった。いわば自分の仕事を失《うしな》ったわけです。

がっくりと肩《かた》を落《お》としたであろう兄弟に対《たい》し、大聖人《だいしょうにん》は、このことは「天の計《はか》らいであろうか」（御書一一〇七ジペー、趣意）と励《はげ》まされています。「あなた方《がた》のために、深い意味があるのです」との仰《おお》せと拝《はい》せましょう。そして「造営《ぞうえい》の工事から外されたことをうらむような様子《ようす》を見せてはならない」「（作業道具の）のこぎりや、かなづちを手に持ち腰につけ、常《つね》に、にこやかな姿《すがた》をしていなさい」（同）と御指導《ごしどう》されています。

思うようにいかないことがあっても、へこたれてはならない。くさってはならない。卑《ひ》屈《くつ》になってもならない。

忍耐強《にんたいづよ》く、根《ね》を張《は》って時を創《つく》ればよいのです。

信心とは、現実の大地に「幸福の根《ね》を張《は》ること」です。やがて必《かなら》ず芽《め》が出て、爛漫《らんまん》たる花が咲《さ》く、栄光と勝利の春が来ます。学生部など就職《しゅうしょく》活動で苦闘《くとう》する友もいるだろうが、頑張《がんば》ってほしい。

―― 皆で励《はげ》まし合い、朗《ほが》らかに前進していきます。

名誉会長 大聖人《だいしょうにん》は、苦難《くなん》と戦う四条金吾《しじょうきんご》に対し、「主《しゅ》の御《おん》ためにも仏法の御ためにも世間《せけん》の心ね《根》もよかりけり《吉》・よかりけりと鎌倉《かまくら》の人人《ひとびと》の口《くち》にうたはれ給《たま》へ」（御書一一七三ジー）と励まされました。

仕事の次元《じげん》においても、仏法の次元においても、社会の次元においても、依怙《えこ》依託《えたく》と仰《あお》がれる大勝利者になる――これが信仰《しんこう》の真髄《しんずい》の力《ちから》です。「人間革命《かくめい》」の光《ひかり》なのです。

勇気の源《みなもと》

君《きみ》よ　師子王《ししおう》の心で立て

――青年部は弘教《ぐきょう》と友情の対話《たいわ》を全力で広げています。多くの新入会者も誕生《たんじょう》しております。いよいよ、青年の正義《せいぎ》の大連帯《だいれんたい》を最大に築《きず》き上《あ》げてまいります。

名誉会長　ありがとう！　若き君たちの熱《ねつ》と力《ちから》で、水平線《すいへいせん》から朝日《あさひ》が昇《のぼ》るように、新しい時代が到来《とうらい》しました。

日蓮大聖人が、どれほど、お喜《よろこ》びであられるか。

御聖訓《ごせいくん》には、「一句《いっく》をも人にかたらん人は如来《にょらい》の使《つかい》と見えたり」（御書一四四八ジペー）と仰《おお》せです。

広宣流布《こうせんるふ》のため、立正安国《りっしょうあんこく》のため、声を惜《お》しまず語《かた》る。これほど崇高《すうこう》な青春はない。

――先生のご指導の通り、祈《いの》って、動いて、語れば、必《かなら》ず道が開けます。今、新入会の友からも、「信心をして、明るく、前向《まえむ》きな自分に変わっていくのを日々、実感《じっかん》しています」等と、喜《よろこ》びの声がたくさん届《とど》いています。

名誉会長　うれしいね。それが「初信《しょしん》の功徳《くどく》」です。温《あたた》かく面倒《めんどう》を見てくれる先輩《せんぱい》たちの功徳も、大きい。

ともかく、信心は「勇気」です。

かけがえのない青春を、悔《く》いなく勝《か》ち抜《ぬ》いていく原動力《げんどうりょく》も、勇気である。その勇気を無《む》限《げん》に発揮《はっき》していけるのが、日蓮仏法なのです。

――そこで今回は「勇気」をテーマに、御書に仰《おお》せの「師子王《ししおう》の心」、また池田華陽《かよう》会歌《かいか》「華陽の誓《ちか》い」で歌われている「太陽の心」について、お伺《うかが》いしたいと思います。

名誉会長　大文豪《だいぶんごう》ゲーテは綴《つづ》った。

「勇気を失《うしな》ったのは――すべてを失ったことだ！」＊

個人であれ、団体であれ、勇気がなければ、厳《きび》しい現実に勝てない。時代の濁流《だくりゅう》に呑《の》み込《こ》まれてしまう。

「師子王《ししおう》の心」「太陽の心」――これが学会精神《せいしん》です。

この心で、学会は社会に勇気凜々《りんりん》と打って出てきた。だから勝ったのです。

大聖人《だいしょうにん》は、「日蓮が弟子等《でしら》は臆病《おくびょう》にては叶《かな》うべからず」（御書一二八二ジペー）と断言《だんげん》なされています。

臆病であれば、どんなに偉大《いだい》な仏法を持《たも》っていても、何事《なにごと》も成就《じょうじゅ》しないと、大聖人は厳《きび》しく戒《いまし》めておられる。

御聖訓

日蓮が弟子等《でしら》は臆病《おくびょう》にては叶《かな》うべからず

「教行証御書《きょうぎょうしょうごしょ》」御書一二八二ジペー

◆先輩《せんぱい》や同志《どうし》と一緒《いっしょ》に

――対話《たいわ》に挑戦《ちょうせん》するヤング男子部のメンバーから、「勇気が大事《だいじ》だとわかってはいるんですが、なかなか勇気を出すことができません。どうしたらいいでしょうか」との質問《しつもん》がありました。

名誉会長　根本《こんぽん》は題目です。「広布《こうふ》のために、勇気を出させてください。相手《あいて》に真心《まごころ》が通《つう》じるように！」と真剣《しんけん》に祈《いの》ることです。

そして大事なのは、先輩や同志と一緒に活動することです。一人《ひとり》では、なかなか勇気は出ない。それが人間です。大変な時は励《はげ》まし合う。うれしいことがあれば共《とも》に讃《たた》え合い、前進していく。そのための学会の組織《そしき》です。

何《なん》でもいい。一歩《いっぽ》を踏《ふ》み出《だ》すことだ。

苦手《にがて》な人に、笑顔《えがお》であいさつができた。これも勇気です。「面倒《めんどう》だな」と思うけれども、頑張《がんば》って会合に参加した。これも勇気です。その一歩から、自身の人間革命《かくめい》も大きく進んでいく。

――「勇気」こそ一生成仏《いっしょうじょうぶつ》の根本要件《こんぽんようけん》であると、先生は教えてくださっています。

名誉会長 臆病《おくびょう》では、三障四魔《さんしょうしま》を破《やぶ》ることは絶対にできない。恐《おそ》れる心、臆《おく》する心、退《しりぞ》く心があれば、そこに魔は付《つ》け込《こ》み、攻《せ》め入《い》ってくる。いざという時に「師子王《ししおう》の心」で戦いきる。それで初《はじ》めて仏《ほとけ》になれる。

このことを、大聖人《だいしょうにん》は命《いのち》に及《およ》ぶ流罪《るざい》の大難《だいなん》のなか、「佐渡《さど》御書」で宣言《せんげん》なされています。

――はい。その御文《ごもん》を拝読《はいどく》させていただきます。「悪王《あくおう》の正法《しょうほう》を破るに邪法《じゃほう》の僧等《そうら》が方人《かたうど》をなして智者《ちしゃ》を失《うしな》はん時は師子王の如《ごと》くなる心をもてる者必《かなら》ず仏になるべし」（御書九五七ジペー）との仰《おお》せです。

名誉会長 大聖人《だいしょうにん》は迫害《はくがい》の構図《こうず》を鋭《するど》く喝破《かっぱ》されている。すなわち、僭聖増上慢《せんしょうぞうじょうまん》である嫉妬《しっと》の坊主《ぼうず》らと権力《けんりょく》の魔性《ましょう》の結託《けったく》です。この魔の軍勢《ぐんぜい》が、正義《せいぎ》の智者《ちしゃ》を亡《な》き者にせんと襲《おそ》いかかってくるのです。その大難の時に、「師子王の心」で戦えるか、どうか。この一点で、成仏が決まると結論《けつろん》されています。

勇気ある信心こそ「魔」を破る利剣《りけん》です。

――これまで学会が受けてきた大難も、この御聖訓《ごせいくん》の通りだったと思います。

名誉会長　創価の師弟《してい》だけが大聖人に直結《ちょっけつ》して、一閻浮提《いちえんぶだい》の広宣流布《こうせんるふ》を進めてきました。だから、御書の通りの難《なん》を受けてきたのです。

この「佐渡《さど》御書」の一節《いっせつ》には、続いて「例《れい》せば日蓮が如《ごと》し」とも仰《おお》せです。いかなる大難があろうと、大聖人の如く「広宣流布」「立正安国《りっしょうあんこく》」に徹《てっ》し抜《ぬ》く。師子《しし》となって走り、戦い、叫《さけ》び、そして勝ちまくっていくのです。ここに学会活動の真髄《しんずい》があります。

末法《まっぽう》とは、貪《とん》・瞋《じん》・癡《ち》の三毒《さんどく》が一層《いっそう》強くなっていくとともに、「闘諍堅固《とうじょうけんご》」という争《あらそ》いが絶《た》えない時代でもある。だからこそ、断《だん》じて強くならなければならない。意気地《いくじ》なしには、正義《せいぎ》を実現《じつげん》することはできない。師子でなければ、大勢《おおぜい》の善良《ぜんりょう》な人を護《まも》ることもできません。

◆勇気とは慈悲《じひ》の異名《いみょう》

――　今の世の中には、自分より弱い者に対《たい》しては威張《いば》り、強い者にはへつらう人間が、あまりにも多いと感じます。臆病《おくびょう》な迎合《げいごう》や弱い者いじめが、社会の腐敗《ふはい》や不正《ふせい》などを生む元凶《げんきょう》となっているのではないでしょうか。

名誉会長　その通りです。ですから、「佐渡御書《さどごしょ》」では、「師子王《ししおう》の心」と対比《たいひ》して、「畜生《ちくしょう》の心」を厳《きび》しく戒《いまし》めておられるのです。「畜生の心は弱きをおどし強きをおそる当世《とうせい》の学者等は畜生の如《ごと》し」（御書九五七ジペー）とあります。

本来、自《みずか》らの学識《がくしき》や力《ちから》を生かして人々に尽《つ》くす指導層《しどうそう》が、権威《けんい》をふりかざして威張《いば》り、正義《せいぎ》の人を迫害《はくがい》する。それは卑劣《ひれつ》な増上慢《ぞうじょうまん》です。その本質《ほんしつ》は臆病《おくびょう》なのです。

大聖人《だいしょうにん》はその悪逆《あくぎゃく》と戦われました。絶大《ぜつだい》な権力《けんりょく》を持つ為政者《いせいしゃ》に対《たい》しても、敢然《かんぜん》と「正義に目覚《めざ》めよ」「真《しん》に民衆《みんしゅう》のために献身《けんしん》せよ」と身命《しんみょう》を賭《と》して諫暁《かんぎょう》なされたのです。

――なぜ、迫害《はくがい》を覚悟《かくご》の上で正義を叫《さけ》び抜《ぬ》いていかれたのでしょうか。

名誉会長　御書には「いはずば・慈悲《じひ》なきに・にたり」（二〇〇ジペー）と仰《おお》せです。真実《しんじつ》を言わなければ、かえって無慈悲《むじひ》になってしまう。多くの民衆《みんしゅう》を不幸《ふこう》のまま放置《ほうち》することになる。だから師子吼《ししく》なされたのです。

これこそ究極《きゅうきょく》の正義です。真実の大慈悲です。勇気とは慈悲の異名《いみょう》です。学会は、この大聖人の御精神《ごせいしん》を真《ま》っ直《す》ぐに受《う》け継《つ》いできました。

牧口先生と戸田先生は、軍部《ぐんぶ》政府《せいふ》と戦って牢獄《ろうごく》に入られた。牧口先生は獄死《ごくし》された。戸田先生は、二年間の過酷《かこく》な獄中《ごくちゅう》生活を耐《た》え抜《ぬ》かれた。酷暑《こくしょ》と極寒《ごっかん》。看守《かんしゅ》から何度《なんど》も殴《なぐ》られた。それでも、絶対に信念《しんねん》を曲《ま》げなかった。

大偉人《だいいじん》たる師匠《ししょう》を死に至《いた》らしめた魔性《ましょう》に対《たい》して、憤怒《ふんぬ》を燃《も》えたぎらせて戦い抜いた。真《しん》正《せい》の師子王《ししおう》です。

とともに、不幸《ふこう》の底《そこ》で嘆《なげ》き悲《かな》しむ庶民《しょみん》に対しては、大海《たいかい》のような深い慈愛《じあい》で接《せっ》しておられた。一人《ひとり》一人を心の底から慈《いつく》しみ、何《なん》としても幸福にしてみせるとの強い一念《いちねん》で励《はげ》まし続けていかれたのです。

――あの夕張炭労《ゆうばりたんろう》事件の時も、池田先生が急遽《きゅうきょ》、北海道に駆《か》けつけてくださいました。先生は「夕張の友は、最《もっと》も危険《きけん》なところで働《はたら》いている。その同志《どうし》がいじめられているんだ。つらい思いをしている友を黙《だま》って見ていられるわけがないじゃないか」と激励《げきれい》してくださった。その感激《かんげき》を、草創《そうそう》の先輩《せんぱい》が熱《あつ》い思いを込《こ》めて語《かた》っておられました。

ところで、「師子王の心」というと、どうしても男性的なイメージがあるような気がします。

◆「師子王《ししおう》の心」を「取《と》り出《いだ》して」

名誉会長　でも実際《じつさい》は「女性のほうが勇敢《ゆうかん》です」という声も多い。私もそう思う。学会でも、一番、勇気があるのは婦人部です。

大聖人《だいしようにん》は、女性のリーダーであった千日尼《せんにちあま》に仰《おお》せです。

「法華経《ほけきよう》は師子王の如《ごと》し一切《いつさい》の獣《けもの》の頂《いただ》きとす、法華経の師子王を持《たも》つ女人《によにん》は一切の地《じ》獄《ごく》・餓鬼《がき》・畜生等《ちくしようとう》の百獣《ひやくじゆう》に恐《おそ》るる事《こと》なし」（御書一三一六ジペー）と。

最《もつと》も健気《けなげ》に生きゆく女性たちが、何ものも恐れず幸福になっていくための信心です。

そのために、リーダーは師子《しし》奮迅《ふんじん》の力《ちから》を出しきって、叫《さけ》び抜《ぬ》くのです。戦いきるのです。

――　誰《だれ》よりも求道心《きゆうどうしん》に溢《あふ》れた女性の千日尼に「師子王の心」を教えてくださったことに甚深《じんじん》の意義《いぎ》を拝《はい》します。「師子王の心」の根幹《こんかん》は「師弟不二《していふに》」の信心ですね。

名誉会長　そうです。有名な「聖人御難事《しようにんごなんじ》」には、「各各《おのおの》師子王の心を取り出して・いかに人をどすともをづる事なかれ」（御書一一九〇ジペー）とあります。

「師子王の心」を「取り出して」と仰せです。

もともとないものは出せません。誰人《たれびと》の胸中《きょうちゅう》にも、「師子王《ししおう》の心」が必《かなら》ずある。それを「取《と》り出《いだ》す」源泉《げんせん》が師弟不二《していふに》の信心なのです。広宣流布《こうせんるふ》のために、不惜身命《ふしゃくしんみょう》で道を開いてこられた師匠《ししょう》の心が「師子王の心」です。

その心と不二になれば、わが生命に「師子王の心」が涌現《ゆげん》しないわけがない。

私は、戸田先生にお仕《つか》えしながら、深く決意しました。師子王をお護《まも》りするため、弟子《でし》である自分が「師子王の心」を取り出して、一切《いっさい》の障魔《しょうま》を打《う》ち破《やぶ》っていくのだと。

◆わが人生を勝ち開け

―― 昭和五十四年（一九七九年）、破和合僧《はわごうそう》の陰謀《いんぼう》が渦巻《うずま》く中、北陸女子部のリーダーは、ある会合で声高《たか》らかに叫《さけ》びました。「何が変わろうとも、誰《だれ》がどうあろうとも、私たちの師匠は、池田先生ただお一人《ひとり》ではないですか！」と。三十一年後（二〇一〇年）の今、その方は社会においても、小学校の先生を勤《つと》め上《あ》げ、教職大学院の教授《きょうしょく》として、見事《みごと》な勝利の実証《じっしょう》を示《しめ》されています。

名誉会長　よく知っています。後輩《こうはい》の道を立派《りっぱ》に開いてくれました。皆さんも、断《だん》じて勇気を取《と》り出《いだ》して、わが人生を胸《むね》を張《は》って勝ち開いてもらいたいのです。

――先生は、「師子《しし》は怯《ひる》まない。師子は負《ま》けない。師子は嘆《なげ》かない。師子は速《はや》い。師子は敵《てき》を倒《たお》す」と教えてくださっています。

名誉会長　御聖訓《ごせいくん》には、「師子王は百獣《ひやくじゆう》にをぢず・師子の子・又《また》かくのごとし、彼等《かれら》は野干《やかん》（＝狐《きつね》の類《たぐい》）のほうるなり日蓮が一門《いちもん》は師子の吼《ほう》るなり」（御書一一九〇㌻）とあります。

今、わが創価の一門には、君《きみ》たち青年がいる。君たちの若き生命に「師子王の心」が燃《も》えている限《かぎ》り、広宣流布《こうせんるふ》の未来は前途洋々《ぜんとようよう》なのです。

◆「太陽の心」で皆を照《て》らせ

――女子部メンバーが大好きな歌「華陽《かよう》の誓《ちか》い」には、「今　師とともに　太陽の心で／厳《きび》しき冬にも　春の光彩《ひかり》を」という一節《いっせつ》があります。いまだ経済不況《ふきよう》の闇《やみ》も深いです。それだけに、この「太陽の心」を、ますます明るく強くと皆、決意しています。

名誉会長　そうだね。家庭でも、職場でも、地域でも、乙女《おとめ》の朗《ほが》らかな笑顔《えがお》が光っていれば、皆が元気になっていく。はつらつとした女子部の振《ふ》る舞《ま》いは、地域の太陽であり、社会の太陽です。殺伐《さつばつ》とした時代にあって、皆の心に明々《あかあか》と希望と勇気を贈《おく》る光《ひかり》です。

「太陽の心」とは、無限《むげん》の勇気です。希望です。冷《ひ》えきった人々の魂《たましい》を温《あたた》め、蘇《よみがえ》らせる「やさしさ」です。闇《やみ》を照《て》らす慈愛《じあい》の光です。万人《ばんにん》の生命に、この「太陽」は厳然《げんぜん》と存在《そんざい》している。

日蓮大聖人は、日眼女《にちげんにょ》に、「大闇《おおやみ》をば日輪《にちりん》（＝太陽）やぶる」「法華経《ほけきょう》は日輪のごとし」（御書一一一四ジペー）と仰《おお》せになられました。どんなに悩《なや》みがあっても、題目を唱《とな》えれば、因《いん》果倶時《がぐじ》で、その瞬間《しゅんかん》から、わが胸中《きょうちゅう》には妙法の太陽が昇《のぼ》る。仏《ほとけ》の力《ちから》が湧《わ》いてくる。

ゆえに皆さん方は、絶対に不幸《ふこう》になど、なるわけがない。自分が、悩み祈《いの》り、苦労している分だけ、必《かなら》ず成長できる。また、より強い光で皆を照らしていけるのです。

――先行《さきゆ》きの見えない時代にあって、多感《たかん》な青年の心は確《たし》かな光明《こうみょう》を求《もと》めています。「冬は必ず春となる」（御書一二五三ジペー）。この希望の大哲学《だいてつがく》を語《かた》りに語り、広げてまいります。

名誉会長　頼《たの》むね。君《きみ》たちが勇気を出して語った分だけ、仏縁《ぶつえん》が結《むす》ばれる。希望が広がる。「声」が闇を破《やぶ》る光となる。社会を明るく照らす。

――池田先生は、対話《たいわ》の大光《たいこう》を世界中に広げてこられました。

名誉会長　「太陽の心」といえば、モスクワ児童《じどう》音楽劇場《げきじょう》の創立者《そうりつしゃ》ナターリヤ・サーツさんが思い出されます。三十代の時、夫《おっと》をスターリンの非道《ひどう》な粛清《しゅくせい》で殺《ころ》され、自身も「人民《じんみん》の敵《てき》の妻《つま》」として、極寒《ごっかん》のシベリアに流《なが》された。しかし、絶対にへこたれなかった。過酷《かこく》な強制収容所《きょうせいしゅうようじょ》にあっても、「将来《しょうらい》、必《かなら》ず児童音楽劇場の建設《けんせつ》を」と決意した。自分で自分の人生に「使命《しめい》の太陽」を輝《かがや》かせたのです。

そして、苦難《くなん》を耐《た》え抜《ぬ》いて「夢」を実現《じつげん》し、一生涯《いっしょうがい》、芸術《げいじゅつ》の母として、生きる喜《よろこ》びの光《ひかり》

御聖訓

闇《やみ》なれども灯《ひ》入《い》りぬれば明《あきら》かなり

「四条金吾女房御書《しじょうきんごにょうぼうごしょ》」御書一一〇九ジペー

を皆に贈《おく》っていかれました。

――サーツさんは、先生との出会《であ》いを宝《たから》にされ、華陽《かよう》の先輩《せんぱい》に言われました。「池田先生が初《はじ》めてモスクワの児童《じどう》音楽劇場《げきじょう》を訪《たず》ねてくださった時、劇場に〝太陽〟が入ってきたようでした」と。

名誉会長　御聖訓《ごせいくん》には、こう仰《おお》せです。

「闇《やみ》なれども灯《ひ》入《い》りぬれば明《あきら》かなり」「明かなる事《こと》・日月《にちがつ》にすぎんや浄《きよ》き事・蓮華《れんげ》にまさるべきや、法華経《ほけきょう》は日月と蓮華となり故《ゆえ》に妙法蓮華経と名《なづ》く」（御書一一〇九ページ）

妙法を持《たも》ち、広宣流布《こうせんるふ》に生きる皆さんは、全員が太陽です。清《きよ》らかな妙法蓮華の当体《とうたい》です。これが「華陽」の生命なのです。

ですから、胸《むね》を張《は》って自信満々《じしんまんまん》と進むことです。わが生命を遠慮《えんりょ》せずに輝《かがや》かせていくことです。地味《じみ》な仕事や陰《かげ》の舞台《ぶたい》でも構《かま》わない。自分の仏《ほとけ》の生命が光っていれば、そこが本有常住《ほんぬじょうじゅう》の「寂光土《じゃっこうど》」となります。

その歓喜《かんき》の姿《すがた》が、家庭や職場や地域の人々にとって希望の輝きとなるのです。

◆「一人《ひとり》立つ勇気の心」で

――過疎化《かそか》や青年人口《じんこう》の減少《げんしょう》する地域でも、青年部の友が懸命《けんめい》に活動しています。こうした地域で、心がけていくべきことは何《なん》でしょうか。

名誉会長　農漁村《のうぎょそん》や離島《りとう》などで奮闘《ふんとう》する友の活躍《かつやく》は、本当に尊《とうと》い。偉大《いだい》な青春です。

青年が少《すく》ないということは確《たし》かに大変だ。でも発想《はっそう》を変えれば、少ないからこそ一人が光るチャンスとも言える。地域の方々《かたがた》の注目度《ちゅうもくど》も高いんだよ。実際《じっさい》に学会青年部には、大きな期待と信頼《しんらい》が寄《よ》せられている。

――岩手県北部の軽米町《かるまいまち》では、圏男子部長が、七年前から地域のバスケットボール協会の会長を務《つと》めています。「町長杯《はい》バスケットボール大会」を企画《きかく》して、小学生のチームを招《まね》きました。年々、競技人口《きょうぎ》も増加《ぞうか》し、町の活性化《かっせいか》の大きな力《ちから》と感謝されています。各地の農漁村ルネサンス体験主張大会《たいけんしゅちょう》、北海道の青年主張大会などでも、「地域の発展を担《にな》い立つ存在《そんざい》」と反響《はんきょう》は大きいです。

名誉会長　頼《たの》もしいね。「師子王《ししおう》の心」「太陽の心」とは「一人立つ勇気の心」です。

地域に元気がないなら、自分が明るく変えていけばいい。青年ならば、日本一の「わが地域」をつくる気概《きがい》で立ち上がってもらいたい。

誰《だれ》かではない。自分がやる。これが学会精神《せいしん》です。

大聖人《だいしょうにん》は、「其《そ》の国の仏法は貴辺《きへん》（＝あなた）にま《任》かせたてまつり候《そうろう》ぞ」（御書一四六七㌻）と仰《おお》せです。仏法の眼《まなこ》から見れば、皆、それぞれに、久遠《くおん》から誓願《せいがん》して躍《おど》り出《で》た使命《しめい》の天《てん》地《ち》です。広宣流布《こうせんるふ》といっても、自分の振《ふ》る舞《ま》いにかかっている。

一つ一つ、具体的《ぐたいてき》に祈《いの》る。

一人《ひとり》一人、大誠実《だいせいじつ》で語《かた》る。

一歩《いっぽ》一歩、粘《ねば》り強《づよ》く進む。

一日《いちにち》一日、思いきり戦う。

その真剣《しんけん》な努力《どりょく》のなかで、広宣流布の大願《だいがん》に立つ地涌《じゆ》の友は必《かなら》ず続く。地域は必ず変わる。未来は絶対に開けます。これが「地涌の義《ぎ》」です。

◆変毒為《へんどくい》薬《やく》の妙法

――家庭においては、父親が信心をしていなかったり、学会活動に理解《りかい》がなかったりする場合《ばあい》があります。

名誉会長　ご家族が信心していなくても、何《なん》の心配《しんぱい》もいりません。その中で信心を貫《つらぬ》いていること自体《じたい》が全部、家族の大功徳《だいくどく》に変わるのです。

南米《なんべい》アルゼンチンの格言《かくげん》にも、「太陽は皆のために昇《のぼ》る」とあります。

一人《ひとり》が信心に立ち上がれば、わが家《や》に太陽が昇る。全員を幸福の方向《ほうこう》へ、成仏《じょうぶつ》の方向へ導《みちび》いていけるのが、妙法の功力《くりき》なのです。あせる必要《ひつよう》は何一《なにひと》つありません。妙法には絶対の力《ちから》があります。最後は必《かなら》ず皆が大きく包《つつ》まれていくのです。

御聖訓

其《そ》の国の仏法は貴辺《きへん》にまか《任》せたてまつり候《そうろう》ぞ

「高橋殿御返事《たかはしどのごへんじ》」御書一四六七ジベー

――　また皆が信心をしていても、さまざまな家族の問題で悩《なや》む同志《どうし》もいます。

名誉会長　どこの家も、それぞれの課題《かだい》がある。だから成長できる。一家《いっか》の尊《とうと》い信心の歴史を刻《きざ》めるのです。

お父さんやお母さんが病気《びょうき》の人もいるでしょう。大聖人《だいしょうにん》は「南無妙法蓮華経は師子吼《ししく》の如《ごと》し・いかなる病《やまい》さはりをなすべきや」（御書一一二四ジペー）と、お約束《やくそく》くださっています。信心で捉《とら》えれば、すべて深い意味がある。必《かなら》ず「変毒為薬《へんどくいやく》」できるのが、妙法です。

天気だって雨の日もある。雪の日も、嵐《あらし》の日もある。しかし雲の上では、太陽が厳然《げんぜん》と輝《かがや》いている。ひとたび嵐が去《さ》れば、いっそう明るく輝きわたります。

妙法を持《たも》ち、広宣流布《こうせんるふ》に生きゆく生命は太陽です。

「太陽は毎日昇《のぼ》る」とは、わがアフリカの同志が大切にしている格言《かくげん》です。要《よう》は、自分が輝き続けることだ。

どこまでも同志《どうし》とともに、学会とともに、毎日、太陽が昇る如《ごと》く、たゆまず前進すれば、何ものにも揺《ゆ》るがない常楽我浄《じょうらくがじょう》の軌道《きどう》を上昇《じょうしょう》していくことができるのです。

◆人間革命《かくめい》の連帯《れんたい》を

―― 先生から「師子《しし》は油断《ゆだん》しない」とも教えていただきました。「師子王は前三後一《ぜんさんごいち》と申《もう》して・あり《蟻》の子を取らんとするにも又《また》たけ《猛》きものを取らんとする時も・いき《勢》をひを出《いだ》す事は・ただをなじ《同》き事なり」（御書一一二四ページ）と仰《おお》せの如《ごと》く、青年部は油断を排《はい》し、前進してまいります。

名誉会長 師子王には隙《すき》がない。勝《か》ち抜《ぬ》いていく生命は、永遠《えいえん》に真剣勝負《しんけんしょうぶ》なのです。太陽が横着《おうちゃく》したら大変じゃないか。（笑い）

師弟《してい》の道に徹《てっ》し抜くとき、自分が師子となり、太陽となり、生命は永遠の勝利の次元《じげん》に入っていくことができる。ここに、この世で最《もっと》も尊貴《そんき》な師弟の光《ひかり》があるのです。

―― 池田先生と対談集《たいだんしゅう》を発刊《はっかん》されたブラジル文学アカデミーのアタイデ総裁《そうさい》も、青年に語《かた》られました。「青年は、偉大《いだい》な師匠《ししょう》をもちなさい」「今の困難《こんなん》に動揺《どうよう》させられてはならない。自分の理想《りそう》を邪魔《じゃま》しようとするものに対《たい》しては、一歩《いっぽ》も退《しりぞ》いてはならない」と。世界の人権《じんけん》の獅子《しし》たちが、池田先生に薫陶《くんとう》をいただいている私たちに、人類《じんるい》の未来を託《たく》してくださっています。

名誉会長　青年部の使命《しめい》はあまりにも大きい。

だからこそ、君《きみ》たちが世界の友と励《はげ》まし合いながら、「人間革命《かくめい》」の光《ひかり》の連帯《れんたい》を、若い世《せ》代《だい》に広げていっていただきたい。

スイスの大哲学者《だいてつがくしゃ》ヒルティは、「光の存在《そんざい》そのものがつねにやみへの攻撃《こうげき》である。やみは光とならんで存続《そんぞく》することはできない」*と言った。

私は「わが創価の青年よ、正義《せいぎ》の師子王《ししおう》たれ！　勝利の太陽たれ！　一人《ひとり》立つ勇者《ゆうしゃ》たれ！」と呼《よ》びかけたいのです。

立正安国《りっしょうあんこく》の旗《はた》

生命の尊厳《そんげん》が輝《かがや》く地球へ

――池田先生、輝きわたる「五月三日」、誠《まこと》におめでとうございます。第三代会長にご就任《しゅうにん》（昭和三十五年＝一九六〇年）されて五十年、先生が指揮《しき》を執《と》ってくださった創価学会の大発展は「奇跡《きせき》の中の奇跡」です。

高名《こうめい》な識者《しきしゃ》も、「釈尊《しゃくそん》の一代《いちだい》の説法《せっぽう》は、五十年と言われています。その五十年を現実に超《こ》え、世界百九十二カ国・地域に仏法を広められた池田先生の功績《こうせき》は、類《るい》を見ない人類貢献《じんるいこうけん》の歴史です」と驚嘆《きょうたん》されていました。青年部は喜《よろこ》びと誇《ほこ》りに燃《も》えて、前進しています。

名誉会長　ありがとう！　青年が立ち上がる以上にうれしいことはない。これからの五十年を託《たく》すのは、君《きみ》たちです。

君《きみ》たちは不思議《ふしぎ》にも、今この時、二十一世紀の広宣流布《こうせんるふ》を成《な》し遂《と》げゆくために、願《ねが》って躍《おど》り出《で》た地涌《じゆ》の勇者《ゆうしや》です。仏法の眼《まなこ》から見れば、君たちが自《みずか》ら立てた誓願《せいがん》なのです。使命《しめい》のない人は一人《ひとり》もいない。

—— 女子部も、史上《しじよう》最高の「華陽《かよう》のスクラム」を朗《ほが》らかに拡大《かくだい》しています。新《あら》たに結成《けつせい》された池田華陽会のメンバーも、はつらつと元気いっぱいです。

名誉会長　広布《こうふ》の若き太陽の皆さんの活躍《かつやく》を、全国、全世界《ぜんせかい》の父母たちも、どれほど喜《よろこ》んでいることか。何《なん》の遠慮《えんりよ》もいりません。思《おも》う存分《ぞんぶん》、歴史を残《のこ》しなさい。創価の未来を頼《たの》むよ！

—— はい。池田先生が三十二歳で会長に就任《しゆうにん》された昭和三十五年（一九六〇年）は、日蓮大聖人が、鎌倉幕府《かまくらばくふ》の最高権力者《けんりよくしや》である北条時頼《ほうじようときより》に「立正安国論《りつしようあんこくろん》」を提出《ていしゆつ》された文応《ぶんおう》元年《がんねん》（一二六〇年）から、ちょうど七百年に当《あ》たっていました。そして今年（二〇一〇年）、「青年の月」七月には、満《まん》七百五十年の佳節《かせつ》を迎《むか》えます。

そこで今回は、立正安国の精神《せいしん》について、お伺《うかが》いしたいと思います。

◆二十一世紀における立正安国《りっしょうあんこく》とは？

名誉会長　立正安国は、日蓮仏法の根幹《こんかん》です。「大聖人《だいしょうにん》の御《ご》一代《いちだい》の弘法《ぐほう》は、立正安国論に始まり、立正安国論に終わる」とも言われます。この立正安国の実践《じっせん》を忘《わす》れたら、日蓮仏法は存在《そんざい》しないといっても過言《かごん》ではありません。

――先日、学生部のメンバーから質問《しつもん》を受けました。「『立正安国論』が書かれたのは十三世紀の鎌倉《かまくら》時代です。二十一世紀の現代で、立正安国とは、具体的《ぐたいてき》にはどういうことなのでしょうか」と。

名誉会長　難《むずか》しいことを聞くね（笑い）。だけど、学生部は真剣《しんけん》だ。簡潔《かんけつ》であって、核心《かくしん》を突《つ》いた質問です。

私は、ますます立正安国が必要《ひつよう》な時代に入ったと思う。人類《じんるい》が待望《たいぼう》してやまぬ世界平和のために、立正安国の思想《しそう》が不可欠《ふかけつ》なのです。世界の各地で、大きな自然災害《さいがい》も続いている。経済の不況《ふきょう》が長引《ながび》き、人々の心も動揺《どうよう》している。だからこそ、揺《ゆ》るがぬ「精神《せいしん》の柱《はしら》」「哲学《てつがく》の柱」が求《もと》められています。

「立正《りっしょう》」とは「正を立てる」。すなわち「正義《せいぎ》の旗《はた》」を打ち立てることです。真実《しんじつ》の生命尊厳《そんげん》の思想《しそう》を根幹《こんかん》としていくことです。ゆえに正《ただ》しい思想、正しい信念《しんねん》を持った君《きみ》たち青年が、現実の社会の真《ま》っ只中《ただなか》で勇気をもって立ち上がること、それ自体《じたい》が「立正」なのです。

―― 私たちの日々の広布《こうふ》の行動が立正安国《あんこく》に直結《ちょっけつ》しているということですね。海外のメンバーから、安国の「国」は日本だけを指《さ》すのか、との疑問《ぎもん》を聞きました。

名誉会長 立正安国の「国」について、日寛上人《にちかんしょうにん》の文段《もんだん》には「意は閻浮《えんぶ》及《およ》び未来に通《つう》ずべし」と説《と》かれています。安国の「国」とは、広々《ひろびろ》と「全世《ぜんせ》界《かい》」そして「永続《えいぞく》する未来」へ開かれているのです。そもそも「国」といっても、時代とともに、機構《きこう》や体制《たいせい》なども変《へん》化《か》を続けていきます。立正安国とは、もっと普《ふ》遍的《へんてき》な地球文明の次元《じげん》へと広がっていく理念《りねん》です。―― 単《たん》に鎌倉幕府《かまくらばくふ》のための立正安国ではない、ということですね。

名誉会長 その通りです。

安国の本義《ほんぎ》は、国家《こっか》体制の安泰《あんたい》ではありません。あくまでも、民衆《みんしゅう》自身の幸福、万人《ばんにん》の国土《こくど》の安穏《あんのん》を意味します。「民衆《みんしゅう》のための立正安国《りっしょうあんこく》」「人間のための立正安国」「青年のための立正安国」なのです。

大聖人《だいしょうにん》が「立正安国論」に認《したた》められている「国」には、「口」（くにがまえ）に「民《たみ》」を入れた「囻」の文字《もじ》が多いことは、よく知られています。国は「民が生きる場」と想定《そうてい》されているのです。

―― 先生と、中国の国学大師《こくがくだいし》・饒宗頤《じょうそうい》博士との対談《たいだん》でも、論じ合われましたね。「口」に「王」（玉）を入れた「国」の字は、もともと「王の領地《りょうち》」を表《あらわ》します。それに対《たい》し、「立正安国論」に「囻」の字が用《もち》いられていることに、饒博士も感嘆《かんたん》されていました。

名誉会長　大事《だいじ》なのは民衆です。民衆が根本《こんぽん》です。民衆が平和で安穏に暮《く》らせる社会をつくらなければならない。

そのためにこそ、「生命尊厳《そんげん》」「人間尊敬《そんけい》」の思想《しそう》を厳然《げんぜん》と確立《かくりつ》することです。

一人《ひとり》一人の生命は限《かぎ》りなく尊極《そんごく》である。「生命軽視《けいし》」「人間蔑視《べっし》」の風潮《ふうちょう》を断《だん》じてはびこらせない。どこまでも「一人を大切にする社会」「万人《ばんにん》の幸福を実現《じつげん》する社会」を築《きず》く。

それが二十一世紀の立正安国の実践《じっせん》です。

◆一対一《いったいいち》の対話《たいわ》から

――　八十年前（昭和五年＝一九三〇年）、創価学会が創立《そうりつ》されたのは、二つの世界大戦《たいせん》の合間《あいま》でした。そして五十年前（昭和三十五年＝一九六〇年）、池田先生が会長に就任《しゅうにん》された時は、厳《きび》しい冷戦《れいせん》の渦中《かちゅう》でした。その中で、生命の尊厳《そんげん》を師子吼《ししく》され、平和への対話の潮流《ちょうりゅう》を広げてくださいました。

名誉会長　御聖訓《ごせいくん》には「此《こ》の世界は第六天《だいろくてん》の魔王《まおう》の所領《しょりょう》なり」（御書一〇八一ジペー）と喝破《かっぱ》されています。人間を不幸《ふこう》にし、社会を混乱《こんらん》させる魔性《ましょう》の働《はたら》きが渦巻《うずま》いているのが現実の世界です。妙法を根本《こんぽん》に、その魔性を打《う》ち破《やぶ》って、幸福にして平和な楽土《らくど》を築《きず》きゆく闘争《とうそう》が立正安国《りっしょうあんこく》といってよい。

ゆえに、仏《ほとけ》と魔の戦いなのです。その戦場《せんじょう》は、人間の「生命」であり「心」です。そこにすべて起因《きいん》する。だから、立正安国は一対一の対話から始めるのです。

――　対話を通した、一人《ひとり》一人の心の変革《へんかく》ですね。

名誉会長　そうです。「立正安国論」も、主人《しゅじん》と客《きゃく》の対話で展開《てんかい》されていきます。

「立正安国論《りっしょうあんこくろん》」には仰《おお》せです。改《あらた》めて拝《はい》しておきたい。

「あなたは一刻《いっこく》も早く、誤《あやま》った信仰《しんこう》の寸心《すんしん》を改《あらた》めて、速《すみ》やかに実乗《じつじょう》（法華経《ほけきょう》）の一善《いちぜん》に帰依《きえ》しなさい。そうすれば、すなわち、この三界《さんがい》は皆、仏国《ぶっこく》である。仏国であるならば、どうして衰微《すいび》することがあろうか。十方《じっぽう》の国土《こくど》はことごとく宝土《ほうど》である。宝土であるならば、どうして破壊《はかい》されることがあろうか」（御書三二ジベー、通解）

ここには、立正安国の方程式《ほうていしき》が示《しめ》されています。

国土の繁栄《はんえい》と平和を願《ねが》うならば、人間の心に「正義《せいぎ》の柱《はしら》」を立てねばならない。一切《いっさい》は人間生命の変革《へんかく》から始まるのです。そして社会の中に、磐石《ばんじゃく》なる「民衆《みんしゅう》の平和勢力《せいりょく》」を築《きず》き上《あ》げていくことです。

そうでなければ、いつまでたっても、人類《じんるい》社会は権力《けんりょく》の魔性《ましょう》に翻弄《ほんろう》され、不幸《ふこう》な流転《るてん》を繰《く》り返《かえ》さざるを得《え》ません。

◆全人類の宿命転換《しゅくめいてんかん》を

――「一人《ひとり》の人間における偉大《いだい》な人間革命《かくめい》は、やがて一国《いっこく》の宿命の転換をも成《な》し遂《と》げ、さらに全人類《ぜんじんるい》の宿命《しゅくめい》の転換《てんかん》をも可能《かのう》にする」。この小説《しょうせつ》『人間革命《かくめい》』のテーマは、まさに立正安国《りっしょうあんこく》の現代的な展開《てんかい》であると言えます。

名誉会長　その誇《ほこ》り高き主役《しゅやく》は、君《きみ》たち青年です。

今や妙法は世界百九十二カ国・地域へと広がった。立正安国の具体的《ぐたいてき》な展開は、若き妙法の青年たちが日本へ、世界へ、「人間革命」の連帯《れんたい》を、さらに広げていくことです。生き生きと社会に貢献《こうけん》していくことです。

――それは、教育、学術《がくじゅつ》、芸術《げいじゅつ》、経済、政治、スポーツなど、ありとあらゆる分野《ぶんや》に、正《ただ》しき哲学《てつがく》と信念《しんねん》を持った若き人材が躍《おど》り出《で》ていくということですね。

名誉会長　さらに言えば、仏法への理解《りかい》を広げ、共感《きょうかん》する人を増やしていくことも、立正安国の行動です。

生命尊厳《そんげん》の思想《しそう》を広め、人類《じんるい》の境涯《きょうがい》そのものを高めるために、多くの人と対話《たいわ》し、心広々《ひろびろ》と「善《ぜん》の連帯」を結《むす》んでいくのです。

――反対に人間自身の可能性《かのうせい》を否定《ひてい》し、差別《さべつ》をもたらす思想とは戦うことですね。

名誉会長　「立正《りっしょう》」は「破邪《はじゃ》」と一体です。人間の尊厳《そんげん》を脅《おびや》かすものとの戦いです。

私が深い交友《こうゆう》を結《むす》んだ、アルゼンチンのアドルフォ・ペレス＝エスキベル博士は、非道《ひどう》な軍事政権《ぐんじせいけん》（一九七六年～八三年）との闘争《とうそう》を貫《つらぬ》かれた。博士自身、十四カ月にわたって投獄《とうごく》され、電気ショックなどの拷問《ごうもん》を受けました。しかし、断《だん》じて負《ま》けなかった。やがて世界から〝「良心《りょうしん》の囚人《しゅうじん》」を釈放《しゃくほう》せよ！〟との声がわき起《お》こり、出獄《しゅつごく》。一九八〇年にノーベル平和賞を受賞《じゅしょう》し、八三年には、ついに民政《みんせい》が復活《ふっかつ》しました。

博士が戦ったのは、人間を「モノ」と見る権力《けんりょく》の魔性《ましょう》です。

博士の「生命の尊厳」「自由と正義《せいぎ》」を守《まも》るための闘争が、世界の人々にどれほどの勇気と希望を贈《おく》ったか。

深い深い信頼《しんらい》で結ばれた「平和と人権《じんけん》の同志《どうし》」です。

◆弾圧《だんあつ》を恐《おそ》れず諫暁《かんぎょう》

―― 大聖人《だいしょうにん》は「立正安国論《りっしょうあんこくろん》」の提出《ていしゅつ》をはじめ、御生涯《ごしょうがい》で幾度《いくど》も国主《こくしゅ》諫暁をされています。弾圧の危険《きけん》を顧《かえり》みず、大聖人は厳然《げんぜん》と言論戦《げんろんせん》を重《かさ》ねられています。

名誉会長　大聖人は、その理由《りゆう》について、「但偏《ただひとえ》に国の為《ため》法の為人の為にして身の為に之《これ》を申《もう》さず」（御書三五ジペー）と仰《おお》せです。

大聖人《だいしょうにん》の諫暁《かんぎょう》は、天変地異《てんぺんちい》、大飢饉《だいききん》や疫病《えきびょう》、幕府《ばくふ》の無策《むさく》によって、塗炭《とたん》の苦《くる》しみに喘《あえ》ぐ民衆《みんしゅう》を救《すく》わんがためです。またそれは、正《ただ》しい宗教《しゅうきょう》の真髄《しんずい》を示《しめ》される戦いでもありました。

当時、権力者《けんりょくしゃ》は、自己《じこ》の保身《ほしん》のために各宗派《かくしゅうは》に祈禱《きとう》を行《おこな》わせていた。宗教の側《がわ》も、その権力に迎合《げいごう》して癒着《ゆちゃく》し、民衆救済《きゅうさい》の戦いなど微塵《みじん》もなかった。民衆の幸福と安穏《あんのん》のためには、この根底《こんてい》の意識を転換《てんかん》せねばならない。

「立正安国論《りっしょうあんこくろん》」は、「宗教の革命《かくめい》」とともに「指導者の革命」を訴《うった》えられた書《しょ》でもあるのです。

―― まさしく、烈々《れつれつ》たる民衆救済の精神《せいしん》に貫《つらぬ》かれています。

名誉会長 自界叛逆難《じかいほんぎゃくなん》（内乱《ないらん》）、そして他国侵逼難《たこくしんぴつなん》（侵略戦争《しんりゃくせんそう》）が起《お》きることを経文《きょうもん》に照《て》らして予言《よげん》し、権力者を諫《いさ》められたのも、罪《つみ》なき民衆が犠牲《ぎせい》になる戦争を絶対に起こしてはならない、との御心《おこころ》からであったと拝《はい》される。

戦争ほど残酷《ざんこく》なものはない。二〇〇四年六月、フィリピンの名門《めいもん》キャピトル大学の創立者《そうりつしゃ》であられる、ラウレアナ・ロサレス先生と語《かた》り合《あ》ったことが忘《わす》れられません。

ロサレス先生は、第二次世界大戦《だいにじたいせん》で、約二万人が犠牲《ぎせい》になったとされる、日本軍《にほんぐん》による「バターン死の行進《こうしん》」の生存者《せいぞんしゃ》でした。ロサレス先生は、当時、十六歳の乙女《おとめ》であった。

先生は語《かた》られた。

「私は、人間が同じ人間に対《たい》し、このような残虐行為《ざんぎゃくこうい》を働《はたら》くのを、二度と目にしたくありません。生命の尊厳《そんげん》を教える教育こそが、このような蛮行《ばんこう》を繰《く》り返《かえ》さないために不可欠《ふかけつ》なのです」

本当に偉大《いだい》な〝教育の母〟でした。

――二〇一〇年四月には、後継《こうけい》のファレス学長《がくちょう》のご一家《いっか》が、創価世界女性会館を訪《おとず》れ、「ラウレアナ・ロサレス　教育・人道賞《じんどうしょう》」を池田先生に授与《じゅよ》されました。先生が世界に築《きず》かれた平和の宝《たから》の結合《けつごう》を、青年部は受《う》け継《つ》いでまいります。

◆雰囲気《ふんいき》に流《なが》される弱《よわ》さを打《う》ち破《やぶ》れ

名誉会長　軍国主義《ぐんこくしゅぎ》の嵐《あらし》が吹《ふ》き荒《あ》れた二十世紀の日本で、「今こそ国家諫暁《こっかかんぎょう》の時ではないか」と決然《けつぜん》と立ち上がられたのが、牧口先生、戸田先生です。

あの時代に立正安国《りっしょうあんこく》を叫《さけ》びきることは、まさに死身弘法《ししんぐほう》の大闘争《だいとうそう》でした。

初代、二代会長の身命《しんみょう》を賭《と》した獄中闘争《ごくちゅう》こそ、学会の平和運動の原点《げんてん》です。立正安国の戦いの出発点《しゅっぱつてん》です。

戸田先生は、権力《けんりょく》の恐《おそ》ろしさを知《し》り抜《ぬ》いておられた。だからこそ「青年は心して政治を監視《かんし》せよ」と訴《うった》えられたのです。

――池田先生も冤罪《えんざい》で牢《ろう》に入られました。ありとあらゆる三障四魔《さんしょうしま》の難《なん》を受けきり、すべてを勝ち越《こ》えてこられました。

名誉会長　私には、創価の師弟《してい》という、金剛不壊《こんごうふえ》の立正安国の柱《はしら》があるからです。

ともあれ、正義《せいぎ》は断《だん》じて勝たねばならない。勝たねば、立正安国は実現《じつげん》できない。

そのために、私は、巌《いわお》の如《ごと》き信念《しんねん》の、絶対に負《ま》けない青年を育《そだ》てたい。

――ところで、次元《じげん》の異《こと》なる話で恐縮《きょうしゅく》ですが、ある実験《じっけん》の結果《けっか》を聞きました。それは、ブランド好きといわれる日本人が、もしブランドがなかったら何を基準《きじゅん》に買い物をするかという実験です。その結果、最大の基準となったのは、「周《まわ》りの人と同じものかどうか」ということでした。（笑い）

名誉会長　大勢《たいせい》や雰囲気《ふんいき》に流《なが》される日本人の気質《きしつ》は、なかなか変わらない。周《まわ》りが右を向けば、右を向く。左を向けば、左を向く。こうした風潮《ふうちょう》は、全体主義《しゅぎ》がはびこる温床《おんしょう》となる。

トインビー博士は、私に語《かた》られました。「ファシズムに対《たい》する最善《さいぜん》の防御《ぼうぎょ》とは、社会正義《せいぎ》を最大限可能《さいだいげんかのう》なかぎり確立《かくりつ》することです」*。

正《ただ》しいことは正しいと言いきる。自分の信念《しんねん》を貫《つらぬ》く。社会の土壌《どじょう》を根底《こんてい》から変革《へんかく》する。平和と人権《じんけん》の大哲学《だいてつがく》を、一人一人《ひとりひとり》の胸中《きょうちゅう》に打ち立てていく。その青年の陣列《じんれつ》を築《きず》き上《あ》げることが、立正安国《りっしょうあんこく》の勝利の道なのです。

◆信念の言葉《ことば》が時代を動かす

――東京のヤング男子部の友から、次のような体験《たいけん》を聞きました。彼は、友人への対話《たいわ》に懸命《けんめい》に挑戦《ちょうせん》していました。ある時、先輩《せんぱい》から「友人の深い理解《りかい》を勝ち取るためには、まず自分が友人の真《しん》の理解者になることが大切だよ」と言われて、ハッとしたそうです。それまでは「自分の話を聞いてほしい」との思いばかりが先立《さきだ》っていた。でも「友人が悩《なや》み、考えていること」を理解《りかい》しなければ、本当の友情は結《むす》べないのではないか、と。それからは、まずは相手《あいて》の話を聞こうと決めました。そうすると、友人は不思議《ふしぎ》と彼の話にも耳を傾《かたむ》け、学会の活動にも興味《きょうみ》を持ってくれるようになりました。

その結果《けっか》、職場の友人が四人、青年部幹部会に参加し、深く感動《かんどう》。聖教新聞を購読《こうどく》する人も出てきました。

名誉会長　ヤング男子部の健闘《けんとう》は頼《たの》もしいね。

対話《たいわ》に挑戦《ちょうせん》しているということ自体《じたい》が、尊《とうと》き立正安国《りっしょうあんこく》の行動です。

対話が思うように進まない時もあるかもしれない。しかし、くよくよすることはありません。

壮年や婦人の先輩方《せんぱいがた》も失敗《しっぱい》を重《かさ》ね、それでも実践《じっせん》を貫《つらぬ》いて「対話の名手《めいしゅ》」となってきた。最初からうまくいったら、鍛《きた》えられないじゃないか。（笑い）

ともあれ、どんな人も「話を聞いてもらいたい」「悩《なや》みをわかってほしい」と思っている。話を聞いてくれれば、それだけでうれしい。心の重《おも》しがとれる。元気が出るものです。

以前、お会いした「核戦争防止《かくせんそうぼうし》国際医師《いし》会議」（ＩＰＰＮＷ）共同創設者《きょうどうそうせつしゃ》のバーナード・

ラウン博士は、医療《いりょう》は「癒《いや》しの芸術《げいじゅつ》」「聞く芸術」であり、「正《ただ》しく聞くことは、まずその人を尊敬《そんけい》することから始まります」と語《かた》っておられた。
そして、誠実《せいじつ》な対話《たいわ》を通して友情が結《むす》ばれれば、そこに「真《しん》の心の交流《こうりゅう》の道」が開かれると結論《けつろん》されていました。

―― 最近では、相手《あいて》の立場《たちば》に立って話を聞く「傾聴《けいちょう》ボランティア」なども活発《かっぱつ》です。それだけ孤独《こどく》な人が増え、社会における「対話」が渇望《かつぼう》されているのだと思います。

名誉会長 人間の心と心を結ぶ、創価の「対話」の運動は、社会的にも実《じつ》に大きな意義《いぎ》を持っている。
「立正安国論《りつしようあんこくろん》」も客《きゃく》と主人《しゅじん》の「対話」です。語らいは、社会の混乱《こんらん》と人々の不幸《ふこう》を嘆《なげ》く客の言葉《ことば》から始まります。主人が、その「憂《うれ》い」と「疑問《ぎもん》」に、誠実に耳を傾《かたむ》ける形《かたち》で、対話は展開《てんかい》されていきます。

◆必《かなら》ず相手の「仏性《ぶっしょう》」に届《とど》く

―― 本当に仲《なか》のよい友人であっても、仏法や学会の理念《りねん》について語った時に、なかなか聞いてくれないこともあります。

名誉会長　「立正安国論《りっしょうあんこくろん》」の中でも、主人《しゅじん》が誤《あやま》った思想《しそう》を正《ただ》して、客《きゃく》が色《いろ》をなして怒《おこ》る場面《ばめん》があります。客は、ついに「もう我慢《がまん》できない。私は帰《かえ》る！」と席《せき》を立とうとする。

――普通《ふつう》なら「すみません、言《い》い過《す》ぎました」と謝《あやま》るか、「帰れ！　帰れ！」とケンカ別《わか》れになりそうな場面です。（笑い）

名誉会長　でも主人は、微笑《ほほえ》みながら、客をとどめます。そして、客の心情《しんじょう》もよく理解《りかい》した上で、理路整然《りろせいぜん》、諄々《じゅんじゅん》と正義《せいぎ》を語《かた》っていきます。

主人の大慈悲《だいじひ》と確信《かくしん》に満《み》ちた言葉《ことば》、道理を尽《つ》くした説明《せつめい》に、客も最後は納得《なっとく》する。ついには、「唯我《ただわ》が信ずるのみに非《あら》ず又《また》他の誤《あやま》りをも誡《いまし》めんのみ」（御書三三ページ）と、主人と共《とも》に立正安国のために行動していくことを決意するのです。

まさしく「立正安国論」には、「対話《たいわ》の王道《おうどう》」が示《しめ》されているといってよい。

――池田先生はこれまで平和と共生《きょうせい》の世界の実現《じつげん》へ、宗教《しゅうきょう》や信条《しんじょう》の差異《さい》を超《こ》えて、世界の指導者や識者《しきしゃ》と対話を繰《く》り広《ひろ》げてこられました。こうした軌跡《きせき》は、まさに現代における「対話の王道」の金字塔《きんじとう》であると思います。

名誉会長　牧口先生は語《かた》っておられた。

「物や金《かね》でつながった交際《こうさい》は、下《げ》の友情である。就職《しゅうしょく》の世話をしたり、仲良《なかよ》くするのは、中《ちゅう》の交際。友人のために悪《あく》を取《と》り除《のぞ》き、忠告《ちゅうこく》できるのが、上《じょう》の友情である」と。

友のためにと思って、仏法の正義《せいぎ》を語った言葉《ことば》が、反発《はんぱつ》を受けることもある。しかし、その心は必《かなら》ず伝《つた》わる。

大事《だいじ》なことは、その対話《たいわ》に強く深い「祈《いの》り」を込《こ》めていくことです。「祈り」のこもった言葉は、必ず相手《あいて》の生命の内奥《ないおう》の「仏性《ぶっしょう》」に届《とど》きます。相手が自覚《じかく》しようがしまいが、必ず「仏性」を薫発《くんぱつ》していきます。祈りがあるから「声仏事《ぶつじ》を為《な》す」（御書七〇八ジペー）となるのです。

勇気凛々《りんりん》と、わが信念《しんねん》を叫《さけ》んでこそ、青年です。相手がどうあれ、立正安国《りっしょうあんこく》という最極《さいごく》の正義の対話の実践《じっせん》です。自《じ》信満々《しんまんまん》と朗《ほが》らかに語りきっていけば、勝利です。

◆現代の「一凶《いっきょう》」とは

——　青年部では本年（二〇一〇年）、「核兵器禁止条約《かくへいききんしじょうやく》」の制定《せいてい》を求《もと》める署名《しょめい》運動を全国各地で展開《てんかい》し、核兵器廃絶《かくへいきはいぜつ》への大きな波動《はどう》を起《お》こしてきました。この署名《しょめい》は、五月にニューヨークで開催《かいさい》される「核拡散防止条約《かくさんぼうしじょうやく》」（ＮＰＴ）再検討《さいけんとう》会議に合わせて、国連《こくれん》に提《てい》出《しゅつ》される予定《よてい》です〈二〇一〇年五月、二百二十七万人の署名を提出〉。

名誉会長　うれしいね。皆さんの奮闘《ふんとう》の様子《ようす》は、よく伺《うかが》っています。「核兵器の廃絶」など学会の平和運動や国連支援《しえん》の取り組みは、立正安国《りっしょうあんこく》の現代的な展《てん》開《かい》の一つです。

――　池田先生はこれまで、「核兵器廃絶」への提言《ていげん》を繰《く》り返《かえ》し発表してこられました。また米《べい》ソなど核保有国《ほゆうこく》の首脳《しゅのう》や国連の事務総長《じむそうちょう》と何度《なんど》も会見《かいけん》され、「核の脅威《きょうい》なき時代」の構築《こうちく》へ行動されてきました。私たち青年部の平和運動は、こうした先生の取り組みを受《う》け継《つ》ぐものです。

名誉会長　「立正安国論」で日蓮大聖人は仰《おお》せです。

「若《も》し先《ま》ず国土《こくど》を安《やす》んじて現当《げんとう》（＝現在と未来）を祈《いの》らんと欲《ほっ》せば速《すみやか》に情慮《じょうりょ》を回《めぐ》らし忩《いそい》で対治《たいじ》を加《くわ》えよ」（御書三一㌻）

大聖人が烈々《れつれつ》たる気迫《きはく》で権力者《けんりょくしゃ》を諫《いさ》められたのは、ひとえに民衆《みんしゅう》の幸福と平和を願《ねが》われたからです。具体的《ぐたいてき》には、「他国侵逼難《たこくしんぴつなん》」「自界叛逆難《じかいほんぎゃくなん》」という「戦乱《せんらん》」を断《だん》じて起《お》こしてはならない、との叫《さけ》びであられた。

戦争《せんそう》は、人間性を根幹《こんかん》から破壊《はかい》する。

ましてや一瞬《いっしゅん》にして数十万の人々の生命を奪《うば》い、地獄《じごく》の苦《くる》しみへと突き落《お》とす核兵器《かくへいき》は、魔性《ましょう》の産物《さんぶつ》以外の何ものでもありません。また、もし核戦争が起これば、人類《じんるい》そのものが滅亡《めつぼう》しかねない。

――戸田先生は「原水爆禁止宣言《げんすいばくきんしせんげん》」で、核兵器を使用《しよう》し、人類の生存《せいぞん》の権利《けんり》を脅《おびや》かすものは「魔ものであり、サタンであり、怪物《かいぶつ》であります」と喝破《かつぱ》されました。

名誉会長　そうです。戸田先生は、「その奥《おく》に隠《かく》されているところの爪《つめ》をもぎ取りたい」と言われたのです。先生が凝視《ぎょうし》しておられたのは、人間の心の奥に潜《ひそ》む「生命軽視《けいし》」の魔性であった。

大聖人《だいしょうにん》は、この正体《しょうたい》を「元品《がんぽん》の無明《むみょう》は第六天《だいろくてん》の魔王と顕《あら》われたり」（御書九九七ジペー）と断じられている。

「元品の無明」とは、生命にそなわる根源的《こんげんてき》な無知《むち》であり、ここから人間の尊厳《そんげん》に対《たい》する不信《ふしん》や、他者《たしゃ》の生命への蔑視《べっし》が生まれます。真の平和建設《けんせつ》を阻《はば》む現代の「一凶《いっきょう》」とは、この「元品《がんぽん》の無明《むみょう》」にほかならない。

「元品の無明を対治《たいじ》する利剣《りけん》は信の一字《じ》なり」（御書七五一ページ）と仰《おお》せのごとく、この「一凶」を打《う》ち破《やぶ》る力《ちから》こそ、「万人《ばんにん》の尊厳《そんげん》」を説《と》き明《あ》かした妙法の大哲学《だいてつがく》です。

この理念《りねん》を広げ、時代精神《せいしん》へと高めていくことこそ、恒久《こうきゅう》平和を実現《じつげん》する道なのです。

◆粘《ねば》り強《づよ》い不屈《ふくつ》の前進を

――最近、ある女子部のメンバーから質問《しつもん》を受けました。それは「立正安国《りっしょうあんこく》の戦いには〝到達点《とうたつてん》〟はあるのでしょうか」というものでした。

名誉会長　皆、一度は考える問題かもしれない。でも立正安国は結局《けっきょく》、人間生命の変革《へんかく》の戦いです。

仏《ほとけ》と魔《ま》の戦いは止《や》むことがない。その意味では永遠《えいえん》の闘争《とうそう》といえます。

他者《たしゃ》のため、平和のためという「立正安国」への行動があってこそ、真実《しんじつ》の仏法の実践《じっせん》といえる。そこに自身の一生成仏《いっしょうじょうぶつ》があり、宿命転換《しゅくめいてんかん》がある。自他共《じたとも》に揺《ゆ》るがぬ幸福を確立《かくりつ》しゆく道が開かれます。

ただ、その途上《とじょう》には、幾多《いくた》の障魔《しょうま》が競《きそ》い起《お》こることは必定《ひつじょう》です。大聖人《だいしょうにん》の御闘争《ごとうそう》も苦難《くなん》の連続でしたが、その戦いは、まさに「能忍《のうにん》」（能《よ》く忍《しの》ぶの意、仏の別名）という究極《きゅうきょく》の粘《ねば》り強《づよ》さに貫《つらぬ》かれていました。

――松葉《まつば》ケ谷《がやつ》の法難《ほうなん》や伊豆流罪《いずるざい》、竜《たつ》の口《くち》の法難、さらには佐渡《さど》流罪など、大難《だいなん》に次《つ》ぐ大難を大聖人は、すべて敢然《かんぜん》と乗《の》り越《こ》え、勝ち越えられました。

御聖訓

此法門《このほうもん》を日蓮申《もう》す故《ゆえ》に忠言《ちゅうげん》耳に逆《さから》う道理なるが故に流罪《るざい》せられ命《いのち》にも及《およ》びしなり、然《しか》れどもいまだこりず候《そうろう》

「曾谷殿御返事《そやどのごへんじ》」御書一〇五六ジペー

名誉会長　大聖人《だいしょうにん》は厳然《げんぜん》と仰《おお》せになられました。

「此法門《このほうもん》を日蓮申《もう》す故《ゆえ》に忠言《ちゅうげん》耳に逆《さから》う道理なるが故に流罪《るざい》せられ命《いのち》にも及《およ》びしなり、然《しかれ》どもいまだこりず候《そうろう》」（御書一〇五六ページ）と。

すさまじい気迫《きはく》です。偉大《いだい》なる師子吼《ししく》であられる。

不二《ふに》の弟子《でし》である日興上人《にっこうしょうにん》も、大聖人の立正安国《りっしょうあんこく》の魂《たましい》を厳然《げんぜん》と受《う》け継《つ》がれました。大聖人滅後《めつご》も、日興上人は幕府《ばくふ》や朝廷《ちょうてい》への諫暁《かんぎょう》をたびたび行《おこな》われています。

「日蓮聖人の弟子　日興」と明記《めいき》された諫暁の書《しょ》を、師《し》が著《あらわ》された「立正安国論」に添《そ》えて提出《ていしゅつ》されたのです。

これに対《たい》して五老僧《ごろうそう》は、自《みずか》らを「天台沙門《てんだいしゃもん》」（天台宗の僧侶《そうりょ》）等と名乗《なの》った申状《もうしじょう》を幕府に提出した。弾圧《だんあつ》を恐《おそ》れた、卑劣《ひれつ》な保身《ほしん》の姿《すがた》でした。

―― 日興上人、日目《にちもく》上人の後、立正安国の精神《せいしん》は、宗門《しゅうもん》のなかで急速《きゅうそく》に失《うしな》われていきます。やがては、民衆救済《みんしゅうきゅうさい》の目的と活力をなくしてしまいました。

名誉会長　歴史の闇《やみ》に埋《う》もれていた「立正安国の大精神」を現代に生き生きと蘇《よみがえ》らせたのが、大聖人正統《せいとう》の創価学会なのです。

立正安国《りっしょうあんこく》の道は平坦《へいたん》ではない。山もあれば、谷もある。迫害《はくがい》の波浪《はろう》が荒《あ》れ狂《くる》う時もあれば、苦難《くなん》の烈風《れっぷう》が吹《ふ》きつける時もある。ゆえに、途中《とちゅう》に何があっても、あきらめず、へこたれず、明るく進み続けることです。

大聖人直結《ちょっけつ》の「師弟不二《していふに》の信心」がある限《かぎ》り、立正安国の大理想《だいりそう》は必《かなら》ず実現《じつげん》していくことができる。

人間一人《ひとり》一人の生命の可能性《かのうせい》を最大に開花《かいか》させ、平和へと進みゆく私たちの運動に、世界の識者《しきしゃ》も大きな期待を寄《よ》せてくださっています。

——国連《こくれん》のチョウドリ前事務次長《ぜんじむじちょう》は、池田先生の国連支援《しえん》に最大に感謝されながら言われました。

「民衆自身《みんしゅう》の力《ちから》を開発する創価の運動は、まことに重要《じゅうよう》です。SGIは、平和と人間の開発のために力を尽《つ》くす人々の集まりです。まさに、人類《じんるい》の夢を描《えが》き、夢を実現する団体なのです」

名誉会長　立正安国は、人類の夢の実現です。悲願《ひがん》の達成《たっせい》です。

若き諸君《しょくん》は、その目標《もくひょう》に向かって、一日一日《いちにち》を勝ち進んでほしい。

立正安国《りっしょうあんこく》の実践《じっせん》に徹《てつ》する時、仏《ほとけ》の力《ちから》を出すことができる。人間は最《もっと》も強くなれる。

大聖人《だいしょうにん》の立正安国の大宣言《だいせんげん》から七百五十年――。

これほどの晴《は》れ舞台《ぶたい》はありません。自分自身の人間革命《かくめい》に挑《いど》みながら、大いなる「正義《せいぎ》の勝利の大連帯《だいれんたい》」を社会に、世界に広げていってもらいたいのです。

御書根本《こんぽん》の常勝《じょうしょう》

永遠《えいえん》の勝利の源泉《げんせん》

——このたび（二〇一〇年五月）は、中国最高峰《さいこうほう》の名門《めいもん》・清華《せいか》大学から名誉教授称号《しょうごう》のご受章《じゅしょう》、誠《まこと》におめでとうございます！　平和友好の壮大《そうだい》なご貢献《こうけん》を讃嘆《さんたん》する歴史的な授《じゅ》与《よ》式《しき》に、関西青年部の代表も参加させていただきました。ありがとうございました！

名誉会長　ありがとう！　わが創価の青年の意気《いき》軒高《けんこう》のスクラムを、清華大学の顧《こ》秉林《へいりん》学長はじめ先生方も、感嘆《かんたん》されておりました。

すべて、戸田先生に捧《ささ》げゆく栄誉《えいよ》です。私が今日《こんにち》あるのは、一切《いっさい》、「戸田大学」の薫陶《くんとう》のおかげだからです。戸田先生から私は、万般《ばんぱん》の学問《がくもん》と最高の人間学《にんげんがく》を学ばせていただいた。根本の哲学《てつがく》と究極《きゅうきょく》の社会貢献の道を教えていただいた。こんなにありがたい師匠《ししょう》はおりません。私は、先生から教わった一切《いっさい》を、君《きみ》たちに伝《つた》えたい。

――今、関西女子部は「御書で勝て！　関西池田華陽会《かようかい》」を合言葉《あいことば》に、先生の講義《こうぎ》を学び、実践《じっせん》しています。この「行学《ぎょうがく》の二道《にどう》」の息吹《いぶき》の中から、新しい人材が陸続《りくぞく》と育《そだ》っています。

名誉会長　関西はいいね！　何よりも、元気だ。

関西は私の手づくりです。青春の大舞台《ぶたい》です。関西と聞けば懐《なつ》かしい。心が躍《おど》る。胸《むね》が熱《あつ》くなります。常勝《じょうしょう》関西こそ、創価学会の心臓部《しんぞうぶ》であり、柱《はしら》です。関西は、いかなる大難《だいなん》も私と共《とも》に乗《の》り越《こ》え、勝ち越えてきた「師弟不二《していふに》の錦州城《きんしゅうじょう》」です。

――先生が死身弘法《ししんぐほう》で築《きず》き上《あ》げてくださった大関西を、断固《だんこ》として受《う》け継《つ》いでまいります。関西男子部の一般講義《いっぱんこうぎ》も、関西約百七十会場《かいじょう》で一万数千人の精鋭《せいえい》が参加する大行事《だいぎょうじ》になりました。また、部長、本部長などを対象《たいしょう》に、人材グループとして「常勝教学大学校」を結成《けっせい》し、池田先生の教学著作《ちょさく》を学んでいます。また、男女学生部も「教学大学校」などで仏法即《そく》社会の哲理《てつり》を研鑽《けんさん》しています。先生が教えてくださった最強無上《むじょう》の「法華経《ほけきょう》の兵法《へいほう》」で、関西青年部は、勝って、勝って、勝ちまくる勢《いきお》いです。

◆御書のままに戦い、勝った

名誉会長　昭和三十一年（一九五六年）も、関西の友は私と一緒《いっしょ》に御書を拝《はい》し、御書のままに戦った。そして御書の通りに勝った。

御書は、希望の源泉《げんせん》です。

御書は、歓喜《かんき》の音律《おんりつ》です。

御書は、勇気の宝剣《ほうけん》です。

御書は、正義《せいぎ》の旗印《はたじるし》です。

御書は、平和の光源《こうげん》です。

御書は、師弟《してい》が永遠《えいえん》に常勝《じょうしょう》しゆくための経典《きょうてん》なのです。

日蓮大聖人は、「信力《しんりき》の故《ゆえ》に受け念力《ねんりき》の故に持《たも》つ」（御書一一三六ページ）との天台大師《てんだいだいし》の一文《いちもん》を引いておられる。

正法正義《しょうほうしょうぎ》を受持《じゅじ》することこそが、人間として最極《さいごく》の信念《しんねん》なのです。

民衆《みんしゅう》が正《ただ》しき生命哲学《てつがく》を学べば、恐《おそ》れるものはない。青年が立正安国《りっしょうあんこく》の信念に立てば、無敵《むてき》です。御書を心肝《しんかん》に染《そ》め、絶対の大確信《だいかくしん》に立って前進する民衆《みんしゅう》のスクラムは、誰《だれ》も止《と》めることはできない。

――錦宝会《きんぽうかい》（多宝会《たほうかい》）の先輩方《せんぱいがた》から、先生の烈々《れつれつ》たる御書講義《こうぎ》の波動《はどう》で、関西本部が軍艦《ぐんかん》のように揺《ゆ》れたと伺《うかが》っています。先生は、御書根本《こんぽん》の闘争《とうそう》を、全関西に植《う》え付《つ》けてくださいました。

名誉会長　戸田先生は、よく言われました。

「御書には、一切《いっさい》の肝要《かんよう》が完璧《かんぺき》に記《しる》されている。妙法という最高の価値観《かちかん》に立てば、何ごとであれ、どう進めばよいかがわかるのだ」と。御書の一文字《もじ》一文字には、御本仏《ごほんぶつ》の燃《も》え上《あ》がるような民衆救済《きゅうさい》の大情熱《だいじょうねつ》が脈打《みゃくう》っています。

御聖訓《ごせいくん》には、苦悩《くのう》の底《そこ》にある人々を蘇生《そせい》させ、幸福へと立ち上がらせる大慈悲《だいじひ》と大哲理《だいてつり》が光り輝《かがや》いている。

御書には、人生と広宣流布《こうせんるふ》の勝利への「方程式《ほうていしき》」が記されている。妙法の「将軍学《しょうぐんがく》」が厳然《げんぜん》と留《とど》められている。

「正義《せいぎ》によって立て！　汝《なんじ》の力《ちから》、二倍せん」とは、先哲《せんてつ》の箴言《しんげん》である。

御書を根本《こんぽん》とすることは、人間として最《もつと》も強く、最も深く、最も尊《とうと》い正義《せいぎ》の中の正義によって立つことです。汝《なんじ》自身の力《ちから》を百倍にも、千倍、万倍にもすることができる。全人類《ぜんじんるい》の幸福と未来を開く広宣流布《こうせんるふ》の闘争《とうそう》に勝利していくことができるのです。

大聖人《だいしょうにん》は法華経《ほけきょう》を身読《しんどく》なされました。

その大聖人に直結《ちょっけつ》して、御書を身《み》で読まれたのが牧口先生であり、戸田先生です。これが創価の師弟《してい》の誉《ほま》れです。

◆「不可能《ふかのう》」を「可能」に

―― 牧口先生は、妙法流布《みょうほうるふ》のゆえに、国家権力《こっかけんりょく》の弾圧《だんあつ》を受け、投獄《とうごく》されました。獄中《ごくちゅう》で、「立正安国《りっしょうあんこく》の旗《はた》」を掲《かか》げて最後まで戦い抜《ぬ》かれ、殉教《じゅんきょう》されました。

名誉会長 「開目抄《かいもくしょう》」には「詮《せん》ずるところは天もすて給《たま》え諸難《しょなん》にもあえ身命《しんみょう》を期《ご》とせん」（御書二三二㌻）との大聖人の烈々《れつれつ》たる叫《さけ》びが記《しる》されています。牧口先生は、この御書の一節《いっせつ》に赤の傍線《ぼうせん》を引いておられた。
まさに、大聖人の仰《おお》せのままに、身命をなげうって広宣流布に生き抜かれたのです。

そして戸田先生は、この牧口先生に、最大の感謝の心でお供《とも》し、二年間の獄中闘争《ごくちゅうとうそう》を戦い抜《ぬ》かれました。

――池田先生は、関西で法難《ほうなん》を一身《いっしん》に受けきられ、戸田先生を守《まも》り通《とお》されました。あらゆる三類《さんるい》の強敵《ごうてき》を打《う》ち破《やぶ》って、今日《こんにち》の世界広宣流布《こうせんるふ》の基盤《きばん》を築《きず》いてくださいました。

名誉会長　「撰時抄《せんじしょう》」では、「法華経《ほけきょう》の大白法《だいびゃくほう》の日本国並《なら》びに一閻浮提《いちえんぶだい》に広宣流布せん事《こと》も疑《うたが》うべからざるか」（御書二六五ジペー）と、末法《まっぽう》における世界広布《こうふ》が断言《だんげん》されています。

創価学会は、大聖人の仏法を世界百九十二カ国・地域に流布し、この未来記《みらいき》を現実のものとしました。

御聖訓《ごせいくん》に違《たが》わず、三障四魔《さんしょうしま》に打ち勝って、世界広布を進めている仏意仏勅《ぶついぶっちょく》の団体は、創価学会しかありません。だから、功徳《くどく》も大きい。

――不可能《ふかのう》を可能とした「大阪の戦い」は、まさしく「御書の偉大《いだい》さ」「妙法の大功力《だいくりき》」を現実社会に示《しめ》しゆく戦いでした。

名誉会長　戸田先生は宣言《せんげん》されました。

「妙法を持《たも》って努力《どりょく》してゆけば、必《かなら》ず人間革命《かくめい》できる。広宣流布はできる。御書には、そのことが記《しる》されているのだ。あとは決意と実践《じっせん》だ」

このことを、「大阪の戦い」に参加した同志《どうし》が、一人《ひとり》一人、証明《しょうめい》してくれました。

◆広布《こうふ》の母は人類《じんるい》の宝《たから》

名誉会長　「大阪の戦い」の時、今の青年部の皆さんは、まだ生まれていないね。しかし、なかには、家族が参加されたという方もいらっしゃるでしょう。

――　ある関西女子部のリーダーの祖母《そぼ》は昭和三十年に京都で入会し、「大阪の戦い」にも参加しました。一緒《いっしょ》に入会した母は小学生でしたが、大闘争《だいとうそう》の熱気《ねつき》はよく覚《おぼ》えているといいます。実はその母は、入会前、耳が不自由《ふじゆう》だったそうです。しかし、家族で学会活動に走《はし》り抜《ぬ》くなかで、耳がよく聞こえるようになりました。祖母も結核《けっかく》を克服《こくふく》するなど、大きな大きな功徳《くどく》をいただきました。祖母と母は、彼女が小さいころから、先生と一緒に戦える喜《よろこ》びを語《かた》ってくれたといいます。

名誉会長　うれしいね。本当に立派《りっぱ》なおばあちゃんであり、お母さんです。大聖人《だいしょうにん》は、けなげな女性の門下《もんか》を讃《たた》え、こう仰《おお》せです。

「日蓮よりも強盛《ごうじょう》の御《おん》志《こころざし》どもありと聞《きこ》へ候《そうろう》は偏《ひとえ》に只事《ただごと》にあらず、教主釈尊《きょうしゅしゃくそん》の各《おのおの》の御心《おんこころ》に入《い》り替《かわ》らせ給《たま》うかと思へば感涙押《かんるいおさ》え難《がた》し」（御書一一二六ジペー）

関西をはじめ、日本全国、そして世界中に、大聖人から讃嘆《さんたん》される偉大《いだい》な「広布《こうふ》の母」たちがおられる。この方々《かたがた》こそ、学会の宝《たから》です。いな、人類《じんるい》の宝です。

――ある関西男子部のリーダーの祖《そ》父《ふ》母《ぼ》も母も、草創《そうそう》の大阪支部の一員《いちいん》です。「先生のお役に立つ人材になりなさい」が口癖《くちぐせ》で、彼を関西創価学園、創価大学に送り出してくれました。

関西には、いずこにあっても、池田先生との原点《げんてん》を胸《むね》に、素晴《すば》らしい宿命転換《しゅくめいてんかん》の実証《じっしょう》を示《しめ》された先輩方《せんぱいがた》がおられます。私たちを励《はげ》ましてくださっています。

名誉会長　苦楽《くらく》を共《とも》にしてきた関西の同志《どうし》との絆《きずな》は、三世《さんぜ》永遠《えいえん》です。

御書には、弟子《でし》の功労《こうろう》を「いつの世にか思い忘《わす》るべき」（一一九三ジペー）と仰《おお》せです。

関西が、どれほどの思いで「常勝《じょうしょう》の城《しろ》」を築《きず》き、守《まも》ってくれたか。共に戦ってくれた全同志に、私と妻《つま》は毎日《まいにち》毎日、題目を送り続けています。

◆わが栄光の劇《げき》を！

――「大阪の戦い」に参加した先輩《せんぱい》は、一様《いちよう》に「あの時は大変だったけど、本当に楽しかった」と言われます。「なんだか矛盾《むじゅん》するような気もしますが、どういうことなんでしょうか」と、ヤング男子部の友が語《かた》っていました。

名誉会長　本来、「苦《く》」と「楽《らく》」は一体なのです。

真《しん》の「楽しさ」とは何か。それは「生命の充実《じゅうじつ》」です。その充実とは、苦難《くなん》と戦う中にこそある。労苦《ろうく》を厭《いと》わず、必死《ひっし》に祈《いの》って、壁《かべ》を破《やぶ》る。勝利する。だから喜《よろこ》びも大きい。本当に楽しいのです。

自分だけの小さな悩《なや》みで一喜《いっき》一憂《いちゆう》する青春では、あまりにも侘《わび》しい。

広宣流布《こうせんるふ》は、人類《じんるい》の幸福を勝ち取る大闘争《だいとうそう》です。ゆえに楽な戦いではない。しかし、「始めて我心《わがこころ》本来の仏《ほとけ》なりと知るを即《すなわ》ち大歓喜と名《なづ》く所謂《いわゆる》南無妙法蓮華経は歓喜の中の大歓喜なり」（御書七八八ジベー）と仰《おお》せです。

大仏法《だいぶっぽう》を実践《じっせん》し、自他《じた》共《とも》の幸福のために尽《つ》くしゆく喜びに勝《まさ》るものはない。これ以上の充実はありません。

――昭和三十一年（一九五六年）一月五日、「大阪の戦い」の出発の地区部長会の折《おり》、先生は、緊張《きんちょう》して固《かた》くなっている皆の様子《ようす》をご覧《らん》になって、歌を歌い、舞《ま》うことを提案《ていあん》されました。参加された方々《かたがた》も、びっくりしたそうですね。

名誉会長　そうだった。皆、即興《そっきょう》で自由奔放《じゆうほんぽう》というか（笑い）、一生懸命《いっしょうけんめい》、踊《おど》りを披露《ひろう》してくれた。おかげで雰囲気《ふんいき》が一気《いっき》に明るく弾《はじ》けた。

御書には「迦葉尊者《かしょうそんじゃ》にあらずとも・まいをも・まい《舞》ぬべし、舎利弗《しゃりほつ》にあらねども・立つてをどり《踊》ぬべし、上行菩薩《じょうぎょうぼさつ》の大地よりいで給《たま》いしには・をどり《踊》てこそいで《出》給いしか」（一三〇〇ページ）と仰《おお》せです。

学会歌の指揮《しき》も、この御書に則《のっと》った在《あ》り方《かた》なのです。

私は、大阪中、関西中の大地から、新《あら》たな地涌《じゆ》の菩薩を続々《ぞくぞく》と誕生《たんじょう》させてみせるとの一《いち》念《ねん》で指揮を執《と》りました。

同じ戦うならば、地涌の菩薩としての誇《ほこ》りを胸《むね》に、悠然《ゆうぜん》と舞うように戦うことです。創価という最極《さいごく》の青春の晴《は》れ舞台《ぶたい》で、栄光の劇《げき》を演《えん》じきっていくのです。

「一生成仏抄《いっしょうじょうぶつしょう》」には、「皆我《わ》が一念に納《おさ》めたる功徳善根《くどくぜんこん》なりと信心を取るべきなり」（御書三八三ジペー）とあります。

広布《こうふ》の活動は、最後は全部、自分の福運《ふくうん》となって返ってくる。必《かなら》ず宿命転換《しゅくめいてんかん》ができる。これほど楽しく、これほど価値《かち》のある行動はない。ともに、笑いがあり、喜《よろこ》びがあり、感激《かんげき》の涙《なみだ》があるところに人は集まってくる。こういう機微《きび》が大事《だいじ》なのです。

「戦いというのは、最後は『本当に楽しかった』と言えるまでやらなければいけない。そうでなければ、本当の戦いとはいえない」

これも、恩師《おんし》の指導です。

◆確信《かくしん》の講義《こうぎ》が「大阪の戦い」の原動力《げんどうりょく》に

――関西本部での早朝《そうちょう》講義は、毎朝、行《おこな》われたと伺《うかが》いました。参加者は大阪はもとより、関西各県から集《つど》われたといいます。

名誉会長　始発《しはつ》に乗《の》って勇《いさ》んで集ってくださった方もいた。皆、真剣《しんけん》だった。私も真剣勝負《しょうぶ》でした。だから「心」が一致《いっち》し、無量《むりょう》の「力《ちから》」が生まれたのです。
いまだ信心をして日が浅い同志《どうし》に、どうすれば、信心の偉大《いだい》な功力《くりき》を伝《つた》えられるか。億《おく》劫《ごう》の辛労《しんろう》を尽《つ》くす思いで毎回の講義《こうぎ》に臨《のぞ》みました。講義が終わると、皆、師子奮迅《ししふんじん》の力《ちから》で飛《と》び出《だ》していきました。

朝の講義だけではない。あらゆる会合や個人指導で、御書を通して激励《げきれい》をしました。

戦いのスタートにあたって、まず拝《はい》したのは、「何《いか》なる世の乱《みだ》れにも各各《おのおの》をば法華経《ほけきょう》・十羅刹《じゅうらせつ》・助《たす》け給《たま》へと湿《しめ》れる木より火を出《いだ》し乾《かわ》ける土より水を儲《もう》けんが如《ごと》く強盛《ごうじょう》に申《もう》すなり」（御書一一三二ジペー）との一節《いっせつ》です。

世間《せけん》の常識《じょうしき》から見れば不可能《ふかのう》な戦いだったかもしれない。しかし「不可能を可能」にできるのが信心です。強盛な祈《いの》りです。題目です。皆の心に、その大確信《だいかくしん》を燃《も》え上《あ》がらせたかったのです。

「なにの兵法《へいほう》よりも法華経の兵法をもちひ給うべし」（御書一一九二ジペー）

これが大阪の大闘争《だいとうそう》において、私が一貫《いっかん》して訴《うった》え、そして自《みずか》ら示《しめ》したことです。

――先生は御書を通し、「時に応《おう》じた指導」を自在《じざい》にしてくださったと、先輩方《せんぱいがた》は回《かい》想《そう》されています。メンバーの呼吸《こきゅう》が合っていないと感じられた時には、「異体同心《いたいどうしん》なれば万事《ばんじ》を成《じょう》じ同体異心《どうたいいしん》なれば諸事《しょじ》叶《かな》う事《こと》なし」（御書一四六三ジペー）の一節を拝して、団結《だんけつ》を訴えられました。地域の中心者《ちゅうしんしゃ》の一念《いちねん》が弱いと見抜《みぬ》かれた時には、「軍《いくさ》には大将軍《だいしょうぐん》を魂《たましい》とす大将軍をく《臆》しぬれば歩兵臆病《つわものおくびょう》なり」（御書一二一九ページ）の御金言《ごきんげん》を通して、リーダーを鼓舞《こぶ》していかれました。

名誉会長　学会の教学は「実践《じっせん》の教学」です。

目の前の一人《ひとり》に、勇気を贈《おく》る。目下《もっか》の課題《かだい》を打開《だかい》する智慧《ちえ》を湧《わ》き起《お》こす。そして、仏《ほとけ》の生命力《せいめいりょく》を涌現《ゆげん》させて、共《とも》に大勝利への道を開いていく。

そのための御書であり、教学です。

御聖訓

なにの兵法《へいほう》よりも法華経《ほけきょう》の兵法をもちひ給《たま》うべし

「四条金吾《しじょうきんご》殿《どの》御《ご》返事《へんじ》」御書一一九二ページ

何《なん》としても、皆を奮《ふる》い立《た》たせ、勝たせたい。この強き一念《いちねん》で御書を拝《はい》し、率先《そっせん》して祈《いの》り、行動していく中で、「随縁真如《ずいえんしんにょ》の智《ち》」が滾々《こんこん》と湧《わ》き出《で》てくるのです。

――先生は、それこそ大阪の全会員《ぜんかいいん》と会われたのではないかというくらい多くの方に、個人指導をされました。また夜中《よなか》には手紙や葉書《はがき》を書かれて、同志《どうし》や拠点《きょてん》に送られています。

名誉会長　私は、できることは何でもやりました。戸田先生に断《だん》じて勝利のご報告をしたい。喜《よろこ》んでいただきたい。その一心《いっしん》で大阪中を駆《か》けめぐった。師弟《してい》を根本《こんぽん》に、御書を根幹《こんかん》に一人《ひとり》一人を励《はげ》まし抜《ぬ》いた。だからこそ、勝利できた。それゆえに今の関西がある。

若き君《きみ》たちが、この道に続いてくれるかぎり、常勝《じょうしょう》関西の大発展は永遠《えいえん》です。

◆自分らしく生き生きと！

――以前、池田先生は、「どうすれば新入会の友に、師弟の精神《せいしん》を伝《つた》えることができるでしょうか」という女子部員の質問《しつもん》に対《たい》して、「難《むずか》しく考えることはないよ」と言われながら、「日ごろの触《ふ》れ合《あ》いのなかで、一歩一歩《いっぽ》、信心を教えていけばいい。先輩《せんぱい》として、親《した》しい友人として、普通《ふつう》に、ありのままに接《せっ》していけばいいのです」と温《あたた》かく語《かた》ってくださいました。

「大切なのは、友の心を知り、時と場合《ばあい》に応《おう》じて語っていく、人間哲学者《てつがくしゃ》の直観《ちょっかん》の智慧《ちえ》である」とも教えてくださいました。彼女の原点《げんてん》となっているそうです。

名誉会長　そうだったね。無理《むり》したり、背伸《せの》びをしたりする必要《ひつよう》はないんだよ。

大聖人《だいしょうにん》の仏法では、成仏《じょうぶつ》といっても特別《とくべつ》な存在《そんざい》になるのではない。最《もっと》も人間味《にんげんみ》あふれる人格《じんかく》が、仏《ほとけ》の生命です。

「九界即仏界《きゅうかいそくぶっかい》」であり、「仏界即九界」です。

信心したからといって、悩《なや》みや苦《くる》しみがなくなるわけではない。

しかし、真剣《しんけん》に妙法を唱《とな》え、法のため、人のため、社会のために行動するなかで、「本《ほん》有無作《ぬむさ》」のありのままの凡夫《ぼんぷ》の身に、偉大《いだい》な仏の境涯《きょうがい》を現《あらわ》していける。久遠元初《くおんがんじょ》のわが生命を旭日《きょくじつ》のように光り輝《かがや》かせていけるのです。

「御義口伝《おんぎくでん》」には、「久遠とははたらかさず・つくろわず・もとの儘《まま》と云《い》う義《ぎ》なり」（御書七五九ジペー）と説《と》かれています。

気取《きど》りや見栄《みえ》など、いらない。人と比《くら》べて、自分を卑下《ひげ》してもいけません。最高に明るく伸《の》び伸びと、自分らしさを発揮《はっき》して、社会に貢献《こうけん》できるのが、正《ただ》しき「自体顕照《じたいけんしょう》」の信《しん》仰《こう》です。

ともあれ、女子部は一人《ひとり》も残《のこ》らず、これ以上ないという幸《しあわ》せを勝ち取ってもらいたい。そのために教学がある。戸田先生は「女子部は教学で立て」と言われた。生命尊厳《そんげん》の哲理《てつり》、平和と幸福の哲学《てつがく》に生きゆく青春ほど、気高《けだか》く尊《とうと》いものはありません。

もちろん、男子部は手を抜《ぬ》いてもいいというわけではないよ（笑い）。男子部も「剣豪《けんごう》の修行《しゅぎょう》」の如《ごと》き錬磨《れんま》を重《かさ》ね、「実践《じっせん》の教学」で前進してもらいたい。

――ヤング男子部も、学生部も、先生が教えてくださった立正安国《りっしょうあんこく》の哲学を真剣《しんけん》に学び、社会をよりよい方向《ほうこう》へ変革《へんかく》していこうと、若い世代《せだい》に連帯《れんたい》を広げています。

◆「SGIの哲学は世界の指針《ししん》」

名誉会長　かつて戸田先生は東北のラジオ局のインタビューで、「創価学会に青年が多いのはなぜか」と質問《しつもん》されました。先生の回答《かいとう》は明快《めいかい》でした。「それは哲学《てつがく》が深いからである」と。

――「哲学不在《ふざい》」の時代を開く学会の前進に、世界の識者《しきしゃ》も大きな期待を寄《よ》せてくださっています。二〇〇五年四月、池田先生に名誉博士号を授与《じゅよ》されたパラグアイの国立イタプア大学のゴンサレス総長《そうちょう》は語《かた》られました。「SGIの哲学は『世界の指針《ししん》』といえます。より良い世界への変革《へんかく》は、池田博士の卓越《たくえつ》した指導のもとに推進《すいしん》される『人間革命《かくめい》』によってのみ、実現可能《じつげんかのう》です」と。

名誉会長　ゴンサレス総長は忘《わす》れ得《え》ぬ信念《しんねん》の大教育者です。南米《なんべい》のパラグアイでも、わが同志《どうし》は社会貢献《こうけん》に尊《とうと》い汗《あせ》を流《なが》しています。

この大哲学の基盤《きばん》こそ、御書です。

御書は、人類《じんるい》の未来を開く智慧《ちえ》の宝庫《ほうこ》です。

戦争《せんそう》や暴力《ぼうりょく》、差別《さべつ》や環境破壊《かんきょうはかい》といった、世界が直面《ちょくめん》する課題《かだい》も突《つ》き詰《つ》めれば、人間自身、そして生命の問題に帰着《きちゃく》する。大聖人《だいしょうにん》の仏法は、その根本《こんぽん》に光《ひかり》を当《あ》て、真《しん》の平和と共《きょう》生《せい》の文明を創造《そうぞう》しゆく英知《えいち》を明《あ》かしているのです。

「立正安国論《りっしょうあんこくろん》」には、「若《も》し先《ま》ず国土《こくど》を安《やす》んじて現当《げんとう》を祈《いの》らんと欲せば速《すみやか》に情慮《じょうりょ》を回《めぐ》らし忩《いそい》で対治《たいじ》を加《くわ》えよ」（御書三一ジペー）と仰《おお》せです。

君《きみ》たち青年には、この大哲学《だいてつがく》で社会を照《て》らし、全世界《ぜんせかい》を照らしていく重大《じゅうだい》な使命《しめい》がある。権利《けんり》がある。責任《せきにん》がある。

◆大難《だいなん》を勝ち越《こ》えよ

――　立正安国といえば、関西の同志《どうし》が命《いのち》に刻《きざ》みつけている歴史が、昭和三十二年（一九五七年）の七月三日、池田先生が事実無根《じじつむこん》の冤罪《えんざい》によって不当《ふとう》に逮捕《たいほ》された「大阪事件」です。「小失《しょうしつ》なくとも大難に度度値《たびたびあ》う人をこそ滅後《めつご》の法華経《ほけきょう》の行者《ぎょうじゃ》とはしり候《そうら》はめ」（御書二九七ジペー）と御聖訓《ごせいくん》に仰せの通りの法難《ほうなん》です。先生は敢然《かんぜん》と戦われ、無罪判決《むざいはんけつ》を完璧《かんぺき》に勝ち取られました。

名誉会長　学会が、なぜ御書根本《こんぽん》で進むのか。それは、教学の利剣《りけん》がなければ、難に打ち勝てないからです。

戦時中《せんじちゅう》の弾圧《だんあつ》で、牧口先生、戸田先生以外の最高幹部は、ことごとく退転《たいてん》した。組織《そしき》は壊滅状態《かいめつじょうたい》になりました。教学がなかったからです。信心をすれば功徳《くどく》がある。幸《しあわ》せになる。そう言われて信心を始めたのに、大変な目にあった。それで疑《うたが》いを起《お》こして退転《たいてん》してしまった。お世話になった牧口先生に悪口《あっこう》を言う恩《おん》知《し》らずもいた。

しかし、大聖人《だいしょうにん》は御書で厳然《げんぜん》と仰《おお》せです。

「此《こ》の法門《ほうもん》を申《もう》すには必《かなら》ず魔出来《ましゅつたい》すべし魔競《きそ》はずは正法《しょうほう》と知るべからず」（御書一〇八七ジペー）「大難来《だいなんきた》りなば強盛《ごうじょう》の信心弥弥悦《いよいよよろこ》びをなすべし」（御書一四四八ジペー）

御聖訓

大難来《だいなんきた》りなば強盛《ごうじょう》の信心弥弥悦《いよいよよろこ》びをなすべし

「椎地四郎殿《しいじしろうどの》御書」御書一四四八ジペー

正法《しょうほう》を行《ぎょう》ずれば、必《かなら》ず大難《だいなん》がある。正《ただ》しいがゆえに圧迫《あっぱく》される。それを勝ちきってこそ、永遠《えいえん》に崩《くず》れざる成仏《じょうぶつ》の幸福境涯《きょうがい》を築《きず》くことができる。

大聖人《だいしょうにん》は御書の中で、このことを繰《く》り返《かえ》し、教えてくださっています。

戸田先生は、戦後《せんご》、徹《てっ》して教学に力《ちから》を注《そそ》がれた。御書全集の発刊《はっかん》も、先生の深き一念《いちねん》が結実《けつじつ》したものといえます。

―― 大聖人は、青年門下《もんか》の南条時光《なんじょうときみつ》にも「難を乗《の》り越《こ》える信心」を訴《うった》えられました。

「自身が大事《だいじ》と思っている人たちが信心を制止《せいし》し、また大きな難がくるであろう。その時、まさに諸天《しょてん》の守護《しゅご》が叶《かな》うに違《ちが》いない、と確信《かくしん》して、いよいよ強盛に信心に励《はげ》むべきである」「くれぐれも人の制止があったならば、心に嬉《うれ》しく思いなさい」（御書一五一二ジ、通解）と。

名誉会長　若き時光も、不当《ふとう》に多くの課税《かぜい》を強《し》いられるなど、さまざまな迫害《はくがい》や中傷《ちゅうしょう》を受けました。その矢面《やおもて》に立って同志《どうし》を守《まも》ったのです。

大聖人は時光が青年だからこそ、甘《あま》やかされなかった。若き魂《たましい》に「師子王《ししおう》の心」を打《う》ち込《こ》まれた。「師子王の心」で戦えば、必ず一切《いっさい》に勝てることを示《しめ》されました。

学会は、この勝利の経典《きょうてん》の真髄《しんずい》を行じているのです。

——この御書を軽視《けいし》し、違背《いはい》したのが、邪宗門《じゃしゅうもん》です。それは「御書」の収集《しゅうしゅう》や書写《しょしゃ》、なかんずく、御消息《ごしょうそく》を含《ふく》めた御書の講義《こうぎ》に力《ちから》を注《そそ》がれた日興上人《にっこうしょうにん》の御心《おこころ》を踏《ふ》みにじる悪行《あくぎょう》であり、五老僧《ごろうそう》と同じです。

名誉会長　「日興遺誡置文《ゆいかいおきぶみ》」には「当門流《とうもんりゅう》に於《おい》ては御書を心肝《しんかん》に染《そ》め」（御書一六一八ページ）と仰《おお》せです。

また「五人所破抄《ごにんしょはしょう》」には、「大聖人《だいしょうにん》の御書も、広宣流布《こうせんるふ》の時には、また仮名《かな》交じり文を外国語《がいこくご》に翻訳《ほんやく》して、広く世界に伝《つた》えるべきである」（御書一六一三ページ、趣意）とも示《しめ》されている。

創価学会は、日興上人の御精神《ごせいしん》の通りに、御書を世界の諸言語《しょげんご》に翻訳し、全世界に流布《るふ》してきました。いまやアジアの各国でも、北中南米《ほくちゅうなんべい》でも、欧州《おうしゅう》でも、アフリカでも、オセアニアでも、多くの同志《どうし》が喜々《きき》として御書を拝《はい》し、行動している。これほど、すごい仏教《ぶっきょう》研鑽《けんさん》の運動はありません。

ここにも、学会こそが大聖人・日興上人に直結《ちょっけつ》した、仏意仏勅《ぶついぶっちょく》の広宣流布の団体である証《あかし》があります。

◆激闘《げきとう》の中で学べ

―― 平成三年（一九九一年）十一月、邪宗門《じゃしゅうもん》が学会に滑稽千万《こっけいせんばん》な「破門通告《はもんつうこく》」なるものを送りつけてきた時も、御書の引用《いんよう》は全《まった》くありませんでした。要《よう》するに衣《ころも》の権威《けんい》で、学会を服従《ふくじゅう》させようとしただけでした。その邪義《じゃぎ》を、学会は御書を根本《こんぽん》にして、ことごとく打《う》ち破《やぶ》りました。

名誉会長　戸田先生は師子吼《ししく》なされた。

「創価学会の一つの誇《ほこ》りとするところは、世界最高の教学をもっていることだ」と。

ともかく、一節《いっせつ》でも、一文《いちもん》でもいい。御書を心肝《しんかん》に染《そ》め、実践《じっせん》していくことです。

よく戸田先生は言われた。「仏法はあまりにも深いのだから、『ああ、そうですか』と簡《かん》単《たん》にわかるものではない（笑い）。そして、わかってから実践するよりも、最初に信じて実践して、後でわかったほうが得《とく》じゃないか」と。

―― 池田先生の若き日の日記には、御金言《ごきんげん》がたくさん書《か》き込《こ》まれています。二十一歳の時の日記には、「御義口伝《おんぎくでん》」の「妙法蓮華経を修行《しゅぎょう》するに難来《なんきた》るを以《もっ》て安楽《あんらく》と意得《こころう》可《べ》きなり」（御書七五〇ジペー）の一節《いっせつ》とともに、「雄々《おお》しく進め。大胆《だいたん》に進め。若いのだ。若いのだ。常《つね》に、伸《の》びるのだ。飛躍《ひやく》を忘《わす》れてはいけない」との決意が記《しる》されていることに感動《かんどう》しました。

名誉会長　どんなに忙《いそが》しくても、いな忙しいからこそ、御書を声に出して拝読《はいどく》しました。大聖人《だいしょうにん》は、社会から離《はな》れた安穏《あんのん》とした環境《かんきょう》で、御書を執筆《しっぴつ》されたのではない。命《いのち》にも及《およ》ぶ大難《だいなん》の中で、御書を認《したた》められたのです。ゆえに私は、渾身《こんしん》の激闘《げきとう》の中でこそ、御書を自身の血肉にできると定《さだ》め、要文《ようもん》を書《か》き留《と》めました。

諸君《しょくん》も、壁《かべ》に突《つ》き当《あ》たった時こそ、御書を拝し、勇気を奮《ふる》い起《お》こすことです。「妙《みょう》と申《もう》す事《こと》は開《かい》と云《い》う事なり」（御書九四三ジペー）と仰《おお》せです。御書を開《ひら》けば、わが生命から偉大《いだい》な勝利の智慧《ちえ》を開くことができる。

◆「最前線《さいぜんせん》」が大事《だいじ》

――「大阪の戦い」の時も、池田先生は、当時の大阪のあらゆる地区に、御書を通して激励《げきれい》を贈《おく》ってくださいました。

名誉会長　一番大事《だいじ》なのは、最前線《さいぜんせん》の「地区」であり、「支部」です。御聖訓《ごせいくん》には、「其《そ》の国の仏法は貴辺《きへん》にまか《任》せたてまつり候《そうろう》ぞ」（御書一四六七㌻）と仰《おお》せです。日蓮大聖人から、直接《ちょくせつ》、それぞれの地域の広宣流布《こうせんるふ》を託《たく》されているのが、創価学会の支部長、支部婦人部長であり、地区部長、地区婦人部長です。そして、若き部長、地区リーダーの皆さん方です。どれほど深い宿縁《しゅくえん》であり、どれほど大きな福運《ふくうん》であるか。

――昭和三十二年（一九五七年）の七月十七日、池田先生が冤罪《えんざい》による投獄《とうごく》から出獄《しゅつごく》された時、大阪拘置所《こうちしょ》の前には、関西の地区婦人部長（当時は地区担当員）をはじめ、多くの女性リーダーも集《つど》われたと伺《うかが》っています。そして「負《ま》けたらあかん」と、総決起《そうけっき》されたのです。

名誉会長　御聖訓には、佐渡流罪《さどるざい》の法難《ほうなん》の渦中《かちゅう》に、師《し》のもとへ駆《か》け付《つ》けた乙御前《おとごぜん》の母を讃《たた》えられ、「御心《おんこころ》ざしの・あらわるべきにや・ありけんと・ありがたくのみをぼへ候」（御書一二二二㌻）と仰せになられています。

学会が一番大変な時に、一心不乱《いっしんふらん》に祈《いの》り、戦ってくれたのが、関西の婦人部です。日本中、世界中の創価の母たちです。

―― 池田先生のもと、関西の先輩方《せんぱいがた》が歩《あゆ》み抜《ぬ》いてきた御書根本《こんぽん》の常勝《じょうしょう》の道を、関西の池田華陽会《かようかい》も、その心を受《う》け継《つ》いでまっしぐらに前進しています。

名誉会長　入信直後《ちょくご》に、戸田先生から直接《ちょくせつ》教えていただいた御文《ごもん》は、私の原点《げんてん》となっています。

「一念《いちねん》に億劫《おくごう》の辛労《しんろう》を尽《つく》せば本来無作《むさ》の三身念念《さんじんねんねん》に起《おこ》るなり」（御書七九〇ジペー）

戸田先生は「学会の闘士《とうし》は、この御文を生命に刻《きざ》むのだ。絶対に忘《わす》れるな」と断言《だんげん》されました。「大阪の戦い」の時も、常《つね》に私の胸奥《きょうおう》から離《はな》れなかった御文です。

「一念に億劫の辛労」とは、一次元《いちじげん》からいえば、自分が一切《いっさい》の責任《せきにん》を持つ「一人《ひとり》立つ信心」から始まる。

勝利といっても、簡単《かんたん》に得《え》られるものではありません。だれよりも真剣《しんけん》に祈《いの》り、真剣に思索《しさく》し、真剣に行動し抜《ぬ》いた果《は》てに、絶対に負《ま》けない大生命力《だいせいめいりょく》と智慧《ちえ》が、わが胸中《きょうちゅう》に泉《いずみ》の如《ごと》く湧《わ》き上《あ》がる。

私は、一日が一週間にも、一カ月が一年にも匹敵《ひってき》する歴史を、という決心《けっしん》でした。

「法華初心成仏抄《ほっけしょしんじょうぶつしょう》」には、「口《くち》に妙法をよび奉《たてまつ》れば我《わ》が身《み》の仏性《ぶっしょう》もよばれて必《かなら》ず顕《あらわ》れ給《たま》ふ、梵王《ぼんのう》・帝釈《たいしゃく》の仏性《ぶっしょう》はよばれて我等《われら》を守《まも》り給《たま》ふ、仏菩薩《ぶつぼさつ》の仏性はよばれて悦《よろこ》び給ふ」（御書五五七ジペー）と仰《おお》せです。私たちの強き一念《いちねん》によって、一切《いっさい》の環境《かんきょう》を必《かなら》ず広宣流布《こうせんるふ》の力《ちから》へと揺《ゆ》り動《うご》かしていけるのです。

私も大阪中を回りながら、全関西《ぜんかんさい》のあらゆる人々が、一人《ひとり》でも多く広宣流布の味方《みかた》となることを、祈《いの》りに祈り抜《ぬ》きました。

御書には「魔《ま》及《およ》び魔《ま》民《みん》有《あ》りと雖《いえど》も皆仏法を護《まも》る」（一二四二ジペー）との法華経《ほけきょう》の文《もん》も記《しる》されている。

――先生の祈りに、関西の同志《どうし》も心を合わせて戦いました。当時の先輩方《せんぱいがた》は、仏法対《たい》話《わ》をやりきって家に帰《かえ》ると、今度《こんど》は、会った人の顔を思《おも》い浮《う》かべて、一人一人を信心に〝糊付《のりづ》け〟するような思いで題目をあげたと、語《かた》っておられました。

◆今が「まことの時」

名誉会長　関西の友と一緒《いっしょ》に拝《はい》した「乙御前御消息《おとごぜんごしょうそく》」の一節《いっせつ》には、「いよいよ強盛《ごうじょう》の御《おん》志《こころざし》あるべし」「同じ法華経にては・をはすれども志をかさぬれば・他人《たにん》よりも色《いろ》まさり利生《りしょう》もあるべきなり」（御書一二二一ジベー）とあります。

「志《こころざし》をかさねる」――。戦いは粘《ねば》りです。執念《しゅうねん》です。思うようにいかない時もある。しかし、少々《しょうしょう》のことで、へこたれない。勝つまで何度《なんど》でも、粘り強く、辛抱《しんぼう》強く、忍耐《にんたい》強く戦い続ける。

「関西魂《だましい》」とは究極《きゅうきょく》の「負《ま》けじ魂」です。この不撓不屈《ふとうふくつ》の信力《しんりき》・行力《ぎょうりき》に、仏天《ぶってん》も応《こた》えて動くのです。厳《げん》たる仏力《ぶつりき》・法力《ほうりき》の加護《かご》があるのです。

また、御聖訓《ごせいくん》には「此《こ》の娑婆《しゃば》世界は耳根得道《にこんとくどう》の国なり」「是《これ》を耳に触《ふ》るる一切衆生《いっさいしゅじょう》は功《く》徳《どく》を得《え》る衆生なり」（御書四一五ジベー）と仰《おお》せです。

勇気をもって正義《せいぎ》を語《かた》りきることです。「声の力《ちから》」が人々の心を変える。功徳の華《はな》を広げる。国土《こくど》も大きく変革《へんかく》していくことができるのです。

世界広布《こうふ》の未来は、現在の青年部の君《きみ》たちで決まる。

今が「まことの時」です。

人生も勝負《しょうぶ》、青春も勝負です。その一切の勝負に勝ち抜《ぬ》くために、仏法はある。

大聖人《だいしょうにん》は、大事《だいじ》な戦いに臨《のぞ》む門下《もんか》に仰《おお》せられた。

「但偏《ただひとえ》に思い切るべし」「此《こ》れこそ宇治川《うじがわ》を渡《わた》せし所よ・是《これ》こそ勢多《せた》を渡せし所よ・名を揚《あ》ぐるか名をくだすかなり」（御書一四五一ジペー）

正義《せいぎ》は勝たねばならない。いな勝ってこそ正義である。

御書を根本《こんぽん》とした師弟《してい》の大闘争《だいとうそう》こそ「今生人界《こんじょうにんかい》の思出《おもいで》」（御書四六七ジペー）であり、三世《さんぜ》の栄光です。断固《だんこ》と勝ちまくって、永遠《えいえん》に輝《かがや》きわたる青春常勝《じょうしょう》の金字塔《きんじとう》を、威風《いふう》も堂々《どうどう》と残《のこ》してもらいたい。関西、頼《たの》むよ！

異体同心《いたいどうしん》の前進
団結《だんけつ》こそ最強の力《ちから》

――いよいよ情熱《じょうねつ》光る「青年の月」です。七月十一日の「男子部結成記念日《けっせいきねんび》」を大勝利で飾《かざ》りゆこうと、一丸《いちがん》となって拡大《かくだい》に打って出ています。

名誉会長　皆、元気だね！　広宣流布《こうせんるふ》は、君《きみ》たち青年の熱《ねつ》と力で決まる。一段《いちだん》と深き自覚《じかく》を持って、勇気凜々《りんりん》と前進してもらいたい。

――女子部は七月十九日に「結成記念日」を迎《むか》えます。池田華陽会《かようかい》も、断《だん》じて新《あら》たな「師弟《してい》勝利の門《もん》」を開いてまいります。

名誉会長　これほど明るく、にぎやかな、希望に満《み》ちた青年のスクラムは、世界のどこにもないでしょう。

いまだ厳《きび》しい経済不況《ふきょう》の中で、奮闘《ふんとう》している友も多い。皆が励《はげ》まし合い、支《ささ》え合って、乗《の》り越《こ》えてもらいたい。私も一生懸命《いっしょうけんめい》、題目を送っています。一人《ひとり》一人が粘《ねば》り強《づよ》く「信心即《そく》生活」「仏法即社会」の実証《じっしょう》を示《しめ》しきって、功徳満開《くどくまんかい》の青春であってもらいたい。これが私の願《ねが》いです。

―― 関東の青年部も燃《も》えています。五十年前（一九六〇年）、「池田先生の第三代会長への推戴《すいたい》を急《いそ》げ！」との声を真《ま》っ先《さき》に上げたのは、埼玉県の青年部でした。関東は、師弟《してい》直結《ちょっけつ》の誇《ほこ》りを受《う》け継《つ》いで戦っています。

名誉会長　関東は明るいね！　埼玉も関東も、私の手づくりです。古来《こらい》、「関八州《かんはっしゅう》を制《せい》する者は天下《てんか》を制す」というが、関東は今や日本だけではなく、世界広宣流布《こうせんるふ》の誇り高き要衝《ようしょう》であり、大本陣《だいほんじん》です。

◆苦闘《くとう》は自身を鍛《きた》える青春の宝《たから》

名誉会長　使命《しめい》が大きいから、苦労も大きいに違《ちが》いない。

しかし、若き南条時光《なんじょうときみつ》への御聖訓《ごせいくん》にも「しばらくの苦こそ候《そうろう》とも・つい《遂》には・たの《楽》しかるべし、国王一人《いちにん》の太子《たいし》のごとし・いかでか位《くらい》につかざらんと・おぼしめし候《そうら》へ」（御書一五六五ジベー）と仰《おお》せです。

今、歯《は》を食《く》いしばって戦いきったことが、全部、汝《なん》自身《じ》の生命を、王者の如《ごと》く荘厳《そうごん》していくのです。

戸田先生の事業《じぎょう》が最《もっと》も大変だった時も、その打開《だかい》のために私は埼玉を奔走《ほんそう》しました。一番、苦《くる》しい時代でした。だからこそ、一番、光り輝《かがや》く黄金《おうごん》の歴史となっています。

―― 若き日の池田先生が、戸田先生のために埼玉を駆《か》けめぐっておられた当時の日記（昭和二十五年十月）に、こう記《しる》されていました。

「戦いは、毎日激烈《げきれつ》を極《きわ》む。唯《ただ》、勝つことを願《ねが》い、前に前に進む以外の道なし」「進め、叫《さけ》べ、戦え、若いのだ。若いのだ。今、活躍《かつやく》せずして、いつの日か、青春の戦う日があるのだ」

この先生のお心のままに、団結《だんけつ》して歴史を創《つく》ります。そこで今回は「異体同心《いたいどうしん》」をテーマに、伺《うかが》いたいと思います。

名誉会長　わかっているようで奥深《おくぶか》い、大事《だいじ》なテーマです。仏法実践《じっせん》の極意《ごくい》であり、あらゆる戦いの勝利の要諦《ようてい》です。私たちが常《つね》に立ち返るべき原点《げんてん》といってよい。

◆川越《かわごえ》での御書講義《こうぎ》

――関東の同志《どうし》が誇《ほこ》りとし、宝《たから》としている歴史の一つは、埼玉の川越における池田先生の御書講義です。この講義でも「異《い》体同心《たいどうしん》の団結《だんけつ》」を教えていただきました。これが「鉄桶《てっとう》の埼玉」の淵源《えんげん》です。以前、男子部・学生部の有志《ゆうし》が、この「川越講義」の軌跡《きせき》を調《しら》べ、学ばせていただきました。

先生が志木《しき》支部の川越地区の御書講義に足を運《はこ》ばれたのは、昭和二十六年(一九五一年)九月から同二十八年二月まで、足かけ三年です。講義してくださった御書は「生死一大事《しょうじいちだいじ》血脈抄《けつみゃくしょう》」「佐渡《さど》御書」「聖人御難事《しょうにんごなんじ》」など、記録《きろく》に残《のこ》っているだけでも十一編《ぺん》に及《およ》びます。

名誉会長　懐《なつ》かしいね。共《とも》に「行学《ぎょうがく》の二道《にどう》」に励《はげ》んだ同志の顔は、私の胸奥《きょうおう》から離《はな》れることはありません。

川越での御書講義を開始《かいし》した時、私は二十三歳です。戸田先生が第二代会長に就任《しゅうにん》され、事業《じぎょう》のほうは私が一身《いっしん》に担《にな》いながらの戦いでした。

先生は、私たち講義担当者《こうぎたんとうしや》に厳格《げんかく》に言われました。

「ただ講義すればいいというものではないぞ。皆に不動《ふどう》の信心の楔《くさび》を打ってくるんだ！」

「戸田の名代《みようだい》として、毅然《きぜん》として行《い》ってきなさい！」

「名代」です。先生から直々《じきじき》に遣《つか》わされた、会長の代理《だいり》として講義せよとのご指導です。

この自覚《じかく》と責任《せきにん》を持って真剣勝負《しんけんしようぶ》で臨《のぞ》んだのです。一回一回《いつかい》が最高の訓練《くんれん》でした。

師匠《ししよう》の若き「名代」として広宣流布《こうせんるふ》の戦野《せんや》を力走《りきそう》する。これほど使命《しめい》ある闘争《とうそう》はありません。これほど光輝《こうき》ある青春はありません。

――「川越講義《かわごえ》」について学ぶなかで特に驚《おどろ》いたのは、一編《いつぺん》の御書の講義が終わるごとに受講者《じゆこうしや》に渡《わた》されていた「修了証書《しゆうりようしようしよ》」です。そこには一枚《いちまい》一枚、受講者の氏名と講師《こうし》である池田先生のお名前、学んだ御書名《ごしよめい》と、講義が行《おこな》われた日付《ひづけ》が記《しる》されていました。そして、会長である戸田先生のお名前と共《とも》に、大きな印鑑《いんかん》が押《お》されていました。

名誉会長　よく、とってあったね。質素《しつそ》な証書でした。しかし、受講された方のご多幸《たこう》を祈《いの》り、未来の栄光の記別《きべつ》にとの願《ねが》いを込《こ》めて、お渡ししたものです。

――修了証書を家宝《かほう》とされている、あるご家庭では、お孫《まご》さんに当《あ》たる池田華陽会《かようかい》の友が、中国の名門《めいもん》の大学院で学究《がっきゅう》の道を歩《あゆ》んでいます。彼女の学ぶ大学でも、「池田大作研究所」で先生の思想《しそう》の研究《けんきゅう》が活発《かっぱつ》に行《おこな》われていますと、近況《きんきょう》を伝《つた》えてくれました。

名誉会長　一緒《いっしょ》に戦ってきた友が功徳《くどく》に包《つつ》まれ、子孫末代《しそんまつだい》まで勝ち栄《さか》えていかれることが、私の何よりの喜《よろこ》びです。

仏法の世界で、同志《どうし》と共《とも》に行動した歴史は、時とともに、無量無辺《むりょうむへん》の福運《ふくうん》となって輝《かがや》きを増《ま》していくのです。

◆師弟直結《していちょっけつ》の闘争《とうそう》

――　先生が川越《かわごえ》で講義《こうぎ》してくださった「生死一大事血脈抄《しょうじいちだいじけつみゃくしょう》」に、この「異体同心《いたいどうしん》」の真髄《しんずい》が明《あ》かされています。拝読《はいどく》させていただきます。

「総《そう》じて日蓮が弟子檀那《でしだんな》等・自他彼此《じたひし》の心なく水魚《すいぎょ》の思《おもい》を成《な》して異体同心にして南無妙法蓮華経と唱《とな》え奉《たてまつ》る処《ところ》を生死一大事の血脈とは云《い》うなり、然《しか》も今日蓮が弘通《ぐつう》する処の所詮《しょせん》是《これ》なり、若《も》し然らば広宣流布《こうせんるふ》の大願《だいがん》も叶《かな》うべき者か」（御書一三三七ジペー）との一節《いっせつ》です。

名誉会長　戸田先生から幾度《いくど》も講義していただいた忘《わす》れ得《え》ぬ御聖訓《ごせいくん》です。

大聖人門下《だいしょうにんもんか》にとって最重要《さいじゅうよう》の御金言《ごきんげん》です。「異体同心《いたいどうしん》」の心で題目を唱《とな》え、広宣流布《こうせんるふ》に前進する中にこそ、「生死一大事《しょうじいちだいじ》の血脈《けつみゃく》」が流《なが》れ通《かよ》うと断言《だんげん》なされています。
「若《も》し然《しか》らば広宣流布の大願《だいがん》も叶《かな》うべき者か」と仰《おお》せです。
「異体同心の前進」こそ、広宣流布の生命線《せいめいせん》なのです。「異体同心」であれば、必《かなら》ず広宣流布はできる。

――かつて「団結《だんけつ》は力《ちから》なり」と、先生が墨痕鮮《ぼっこんあざ》やかに認《したた》められた書《しょ》を拝見《はいけん》したことがあります。究極《きゅうきょく》の「団結の力」が、広宣流布への「異体同心」ですね。

名誉会長　大聖人が仰せになられた「異体同心の団結」が、どれほど強く尊《とうと》いか。あの熱原《あつはら》の法難《ほうなん》を勝ち越《こ》えたのも、「異体同心の団結」があったからです。

若き日興上人《にっこうしょうにん》は、折伏《しゃくぶく》の大闘争《だいとうそう》の指揮《しき》を駿河《するが》地方（静岡県中央部）で執《と》られました。大聖人の御心《おこころ》を、農村《のうそん》の門下《もんか》にも、そのまま伝《つた》え、師弟直結《していちょっけつ》の信心を打《う》ち込《こ》んでいかれたと考えられます。

さらに、当時の身分《みぶん》や立場《たちば》などの垣根《かきね》を越えて、互《たが》いに平等《びょうどう》で尊敬《そんけい》し合う同志《どうし》の連帯《れんたい》を強めていかれました。ゆえに、いかなる迫害《はくがい》にも屈《くっ》しない金剛不壊《こんごうふえ》の和合僧《わごうそう》が築《きず》き上《あ》げられたのです。

「熱原《あつはら》の三烈士《さんれつし》」の殉教《じゅんきょう》は、何ものにも負《ま》けない、真《しん》の民衆《みんしゅう》仏法の確立《かくりつ》を告《つ》げました。

「異体同心《いたいどうしん》の団結《だんけつ》」は、師匠《ししょう》の御心《おこころ》を根幹《こんかん》として、不二《ふに》の弟子《でし》が最前線《さいぜんせん》に分《わ》け入《い》って創《つく》り上《あ》げていくものである。このことを、日興上人《にっこうしょうにん》は示《しめ》してくださったのです。

―― 広宣流布《こうせんるふ》を成《な》し遂《と》げる、この「異体同心の血脈《けつみゃく》」は、創価学会にのみ、脈々と受《う》け継《つ》がれています。

名誉会長 そうです。牧口先生と戸田先生が、広布《こうふ》を進めるために創立《そうりつ》された「異体同心の組織《そしき》」が学会です。

「異体同心なればかち《勝》ぬ」（御書一四六三ページ）と大聖人《だいしょうにん》は仰《おお》せです。また、勝つことが「異体同心の実証《じっしょう》」なのです。

あの蒲田《かまた》支部の二月闘争《とうそう》も、男子部第一部隊《ぶたい》の大拡大《だいかくだい》も、文京《ぶんきょう》支部の大前進も、大阪の戦いも、山口の開拓《かいたく》闘争も、札幌《さっぽろ》でも、葛飾《かつしか》でも、私はいつも「異体同心の前進」を最第《さいだい》一《いち》に心がけ、勝利してきました。

―― 「異体同心」という言葉《ことば》は、今や〝国際語〟となっています。

青年部幹部会（二〇一〇年四月）で、アフリカのコートジボワールから参加したメンバーが、「イタイドウシン！」（異体同心《いたいどうしん》）「ビクトワール！」（勝利）とかけ声《ごえ》をかけていた姿《すがた》が、実《じつ》に印象的《いんしょうてき》でした。コートジボワールは青年部を先頭《せんとう》に、「異体同心」と「勝利」を合言葉《あいことば》として、この二十年で二百人から二万人へと、実に百倍もの目覚《めざ》ましい発展を遂《と》げました。

名誉会長　皆、本当に頑張《がんば》ってくれている。尊《とうと》い尊い仏《ほとけ》の方々《かたがた》です。内戦《ないせん》を乗《の》り越《こ》え、想像《そうぞう》を絶《ぜっ》する過酷《かこく》な環境《かんきょう》のなかで、平和と生命尊厳《そんげん》の連帯《れんたい》を広げてこられた。

いずこの国にあっても、わが友は、皆、仲良《なかよ》く団結《だんけつ》し、良き市民、良き国民として、社会に貢献《こうけん》し、信頼《しんらい》を勝《か》ち得《え》ておられる。

――池田華陽会《かようかい》も、世界中で異体同心のスクラムを広げています。欧州《おうしゅう》ＳＧＩの女子部メンバーと懇談《こんだん》した折《おり》、「異体同心」が話題《わだい》になりました。個人主義《しゅぎ》を重《おも》んじる人は、「団結」や「組織《そしき》」というと、ともすると個性《こせい》や個々人の人間性が軽《かろ》んじられるような、マイナスイメージを持つことが多い。でも「異体同心」という考え方には、どこまでも「一人《ひとり》」を大切にする仏法の思想《しそう》が込《こ》められている。そこには、欧州でも世界でも共感《きょうかん》を広げる普遍性《ふへんせい》があるというのです。

◆桜梅桃李《おうばいとうり》の輝《かがや》きを

名誉会長　重要《じゅうよう》な視点《してん》です。あくまでも「異体同心《いたいどうしん》」であって「同体同心《どうたいどうしん》」ではない。

皆、それぞれ大切な個性《こせい》がある。職業も違《ちが》う。年齢や性別、性格も、千差万別《せんさばんべつ》です。

今、私が対談《たいだん》を進めている中国文化界《ぶんかかい》のリーダー・高占祥《こうせんしょう》先生は、「敬其所異《けいごしょい》」（其《そ》の異《こと》なりを敬《うやま》う）こそ、進歩《しんぽ》の鍵《かぎ》であると語《かた》っておられた。〈二〇一二年三月、『地球を結ぶ文化力』（潮出版社）として対談集が発刊〉

異なるからこそ、学び合い、生かし合い、より大きな力《ちから》を出していけるのです。

「御義口伝《おんぎくでん》」には「桜梅桃李の己己《ここ》の当体《とうたい》を改《あらた》めずして」（御書七八四㌻）とあります。

それぞれの持《も》ち味《あじ》を、最大限《さいだいげん》に発揮《はっき》していけるのが大聖人《だいしょうにん》の仏法です。

「異体同心の団結《だんけつ》」は、一人一人《ひとりひとり》がわが使命《しめい》の舞台《ぶたい》で最高に輝きながら、広宣流布《こうせんるふ》という無上《むじょう》の目的へ共《とも》に前進するなかで生まれる。それは人から言われてではない。「自発能動《じはつのうどう》」の団結であり、「自体顕照《じたいけんしょう》」の連帯《れんたい》です。

どこまでいっても大事《だいじ》なのは、一人《ひとり》一人の幸福です。人生の勝利です。「一人の宿命転《しゅくめいてん》換《かん》」「一人の成長」が一切《いっさい》の根本《こんぽん》なのです。

◆徹《てっ》して一人に励《はげ》ましを

──どこまでも「一人」を大切にし、苦楽《くらく》を共《とも》にするのが創価の世界ですね。

名誉会長　御書には「松栄《まつさかえ》れば柏悦《かしわよろこ》ぶ芝かる〈枯〉れば蘭《らん》なく情無《じょうな》き草木《そうもく》すら友の喜《よろこ》び友の歎《なげ》き一つなり」（九三四ジペー）と仰《おお》せです。

友の喜びを、わが喜びとする。友の活躍《かつやく》を心から讃《たた》えていく。苦難《くなん》の時は一緒《いっしょ》に悩《なや》み、励ましを送る。共に笑い、共に泣《な》いて、人生の幾山河《いくさんが》を越《こ》えていく。この人間性輝《かがや》く、温《あたた》かな結合《けつごう》に、真《しん》の「異体同心《いたいどうしん》」が生まれるのです。

戸田先生は、わかりやすく言われていた。

「君《きみ》も苦労しているか、君も貧乏《びんぼう》しているか、君も苦《くる》しいか、お互《たが》いに信心を奮《ふる》い起《お》こそうではないか──これを異体同心というのです」と。

大聖人《だいしょうにん》が若き南条時光《なんじょうときみつ》に教えられた法華経《ほけきょう》の一節《いっせつ》に、「我等《われら》と衆生《しゅじょう》と皆共《とも》に仏道《ぶつどう》を成《じょう》ぜん」（御書一五六一㌻）とあります。

「皆共《とも》に」です。皆で仏道修行《ぶつどうしゅぎょう》をし、共に向上《こうじょう》していこう、勝利していこうとの誓願《せいがん》があれば、おのずと「異体同心《いたいどうしん》」になるのです。

――青年部は、池田先生から「一人《ひとり》への励《はげ》まし」に徹《てつ》する心を教わりました。

名誉会長　それが仏法だからです。来る日も来る日も、私は「一人」を励ましてきました。何十万人、何百万人と激励《げきれい》し続けてきました。

私の願《ねが》いは、全同志《ぜんどうし》が幸福になることです。勝利の人生を胸《むね》を張《は》って前進することです。そのために、私は生きてきたし、戦っているといってよい。創価の「異体同心の和合僧《わごうそう》」は、この不惜身命《ふしゃくしんみょう》の闘争《とうそう》の結実《けつじつ》なのです。

◆永遠《えいえん》の「異体同心の将軍学《しょうぐんがく》」

――「一人を大切にする」といえば、ある関東女子部のリーダーのお父さんは長年《ながねん》、未入会《みにゅうかい》でした。実《じつ》は以前、彼女はこの点について、先生に直接《ちょくせつ》、聞いていただく機会《きかい》がありました。その時に先生から、「お父さんに心配《しんぱい》かけちゃいけないよ」「お父さんに『大好き』って言うんだよ」と激励《げきれい》していただいたことが、自分を見つめ、変えていく大きな原《げん》点《てん》になったそうです。

以来《いらい》、お母さん、妹さんとも心を合わせて祈《いの》り、お父さんをもっと大切にしようと心がけてきました。やがて、お父さんも「信心するよ」と決意をされました。入会後、お父さんは、一人《ひとり》のために献身《けんしん》する多くの同志《どうし》の姿《すがた》に触《ふ》れ、深く感嘆《かんたん》されていたと伺《うかが》いました。

名誉会長　本当に良かったね。「心こそ大切」です。相手《あいて》を思う真心《まごころ》、真剣《しんけん》な祈りは必《かなら》ず通《つう》じていく。そして、大切なのは「声」です。「言葉《ことば》」です。

御書には「言《ことば》と云《い》うは心の思いを響《ひび》かして声を顕《あらわ》すを云うなり」（五六三㌻）と仰《おお》せです。

「慈愛《じあい》の声」「正義《せいぎ》の声」「確信《かくしん》の声」が、相手の心を動かしていくのです。

ともあれ、有名な「異体同心事《いたいどうしんじ》」で大聖人《だいしょうにん》は仰せです。

「異体同心なれば万事《ばんじ》を成《じょう》じ同体異心《どうたいいしん》なれば諸事《しょじ》叶《かな》う事《こと》なし」（御書一四六三㌻）

「日蓮が一類《いちるい》は異体同心なれば人人《ひとびと》すくなく候《そうら》へども大事《だいじ》を成じて・一定法華経《いちじょうほけきょう》ひろまりなんと覚《おぼ》へ候《そうろう》」（同）

どんなに人数《にんずう》が多くとも、どんなに権勢《けんせい》を誇《ほこ》ろうとも、心がバラバラでは勝利を得《え》ることはできない。反対に、たとえ人数《にんずう》が少《すく》なくても、各人《かくじん》が広宣流布《こうせんるふ》へ「心」を合わせる「異体同心《いたいどうしん》の団結《だんけつ》」があれば、万事《ばんじ》を成《な》すことができると結論《けつろん》されている。

── 大聖人《だいしょうにん》は続けて、「悪《あく》は多けれども一善《いちぜん》にかつ事《こと》なし」（御書一四六三ジペー）と仰《おお》せです。「一善」とは「根本《こんぽん》の正義《せいぎ》」ですね。

名誉会長　そうだ。妙法流布《みょうほうるふ》に生きゆく仏《ほとけ》の軍勢《ぐんぜい》が最後に勝つことは、御聖訓《ごせいくん》に照《て》らして絶対に間違《まちが》いない。そのために大切なのは「前進」です。「勢《いきお》い」です。

七十万騎《き》という殷《いん》の大軍《たいぐん》に、わずか八百諸侯《しょこう》の周《しゅう》が打ち勝った中国の故事《こじ》もそうでした。殷の兵士《へいし》たちの心は定《さだ》まっていなかった。その迷《まよ》う心が、周の精兵《せいへい》の勢いに揺《ゆ》り動《うご》かされて、形勢《けいせい》が一気《いっき》に逆転《ぎゃくてん》したのです。「攻《せ》め抜《ぬ》く」「動き抜く」なかで、味方《みかた》が広がり、真《しん》の団結が生まれる。

「断《だん》じて勝つ」と決めて死力《しりょく》を尽《つ》くす時、本当の「異体同心」が鍛《きた》え上《あ》げられる。受け身では、「同心」とはならない。

だからこそ、まず決意した「一人《ひとり》」が立ち上がることが、「異体同心」の起点《きてん》となる。リーダーが真剣《しんけん》に祈《いの》り、率先《そっせん》して行動する。この敢闘精神《かんとうせいしん》の勢いが波動《はどう》を広げる。

戦いの中で、皆が心を合致《がっち》させて祈《いの》り、大いに励《はげ》まし合いながら、「異体同心《いたいどうしん》の前進」を加速《かそく》していくならば、どんな壁《かべ》も破《やぶ》ることができる。

この「異体同心の将軍学《しょうぐんがく》」を、今こそ、わが青年部は会得《えとく》してほしいのです。

◆学会は「善知識《ぜんちしき》」の集まり

――池田先生の川越《かわごえ》地区での御書講義《こうぎ》に出席《しゅっせき》された多宝会《たほうかい》の先輩《せんぱい》が、語《かた》ってくださいました。先生の励ましに奮《ふる》い立《た》ち、皆で仏法対話《たいわ》に走った日々が、どれほど楽しかったか。

御聖訓

異体同心《いたいどうしん》なれば万事《ばんじ》を成《じょう》じ同体異心《どうたいいしん》なれば諸事《しょじ》叶《かな》う事《こと》なし

「異体同心事」御書一四六三ジペー

ある婦人部の方は、当時、経済的に大変な中、やっと中古《ちゅうこ》の自転車を手に入れました。ペダルをこぐと「ギィッコン、ギィッコン」と賑《にぎ》やかな伴奏《ばんそう》付き。でも、「寂《さび》しくなくて、ちょうどいいわ」と（笑い）、朗《ほが》らかに折伏《しゃくぶく》に励《はげ》まれ、見事《みごと》に生活革命《かくめい》された、と伺《うかが》いました。

名誉会長　尊《とうと》いね。日蓮大聖人は仰《おお》せです。

「此《こ》の良薬《りょうやく》を持《たも》たん女人《にょにん》等をば此の四人の大菩薩《だいぼさつ》（＝上行《じょうぎょう》・無辺行《むへんぎょう》・浄行《じょうぎょう》・安立行《あんりゅうぎょう》）・前後《ぜんご》左右《さゆう》に立《たち》そひて・此の女人たたせ給《たま》へば此の大菩薩も立たせ給ふ乃至《ないし》此の女人・道を行く時は此の菩薩も道を行き給ふ」（御書一三〇六ジペー）

広宣流布《こうせんるふ》のために奔走《ほんそう》する創価の尊き母を、仏菩薩《ぶつぼさつ》が護《まも》らないわけがありません。同志《どうし》と歩《あゆ》む、その道は、永遠《えいえん》に「常楽我浄《じょうらくがじょう》」の金《きん》の道です。

――　今の時代性でしょうか。メンバーの中には「一人《ひとり》で信心をするのはいいんですが、皆と一緒《いっしょ》に活動するのが苦手《にがて》なんです」と言う人もいます。これは、「組織《そしき》」をどう説明《せつめい》するかにつながると思いますが……。

名誉会長　信心の目的とは何か。それは、どんな苦難《くなん》や悩《なや》みをも悠然《ゆうぜん》と乗《の》り越《こ》えていける、「大山《たいざん》」のごとき自分自身を創《つく》り上《あ》げることです。これが「一生成仏《いっしょうじょうぶつ》」です。しかし悪世末法《あくせまっぽう》にあって、自分一人《ひとり》だけで仏道修行《ぶつどうしゅぎょう》を成就《じょうじゅ》することは、現実には不可能《ふかのう》に等《ひと》しい。

御書には明快《めいかい》に仰《おお》せです。

「夫《そ》れ木をうえ候《そうろう》には大風《おおかぜ》吹《ふ》き候《そうら》へどもつよ《強》きすけ《扶》をかひ《介》ぬれば・たうれず」「甲斐無《かいな》き者なれども・たすくる者強ければたうれず、すこし健《けなげ》の者も独《ひとり》なれば悪《あ》しきみちには・たうれぬ」（御書一四六八㌻）

最後まで正《ただ》しき信心を全《まっと》うし、真実《しんじつ》の勝利の人生を歩《あゆ》み通《とお》していくためには、自分を支《ささ》えてくれる「善知識《ぜんちしき》」の存在《そんざい》が不可欠《ふかけつ》です。

この御聖訓《ごせいくん》に示《しめ》された通りの「善知識」の世界が、わが創価学会なのです。

◆創価の同志《どうし》は「蘭室《らんしつ》の友」

――青春は、心が揺《ゆ》れ動《うご》く年代《ねんだい》です。時代は乱《みだ》れています。今の社会では、ちょっとした悪縁《あくえん》に触《ふ》れて、道を踏《ふ》み外《はず》してしまう青年も少《すく》なくありません。学会は、三代の師匠《ししょう》が命《いのち》を賭《と》してつくりあげてくださった「幸福の安全地帯《あんぜんちたい》」です。この使命《しめい》の庭《にわ》で、多くの良き仲間《なかま》と、充実《じゅうじつ》の青春を送れることに感謝は尽《つ》きません。

名誉会長　学会は、互《たが》いに飾《かざ》らず、ありのままの人間として励《はげ》まし合《あ》い、共々《ともども》に幸福を勝ち取る「庶民《しょみん》の城《しろ》」です。

人工的《じんこうてき》につくろうとして、つくれるものではない。牧口先生、戸田先生が心血《しんけつ》を注《そそ》がれた仏意《ぶつい》の団体です。万人《ばんにん》の成仏《じょうぶつ》、そして広宣流布《こうせんるふ》を目的として、「仏《ほとけ》の願《ねが》い」が呼《よ》び出《だ》した仏勅《ぶっちょく》の団体としか、いいようがありません。

立正安国《りっしょうあんこく》の旗《はた》を掲《かか》げ、いかなる難《なん》も恐《おそ》れない。誇《ほこ》りと喜《よろこ》びに満《み》ちあふれた「戦う民衆《みんしゅう》」「目覚《めざ》めた民衆」の連帯《れんたい》が、創価学会です。

「創価の世界的広がりは現代史《げんだいし》の奇跡《きせき》」と、心ある識者《しきしゃ》は感嘆《かんたん》しております。

この「異体同心《いたいどうしん》の大城《だいじょう》」を築《きず》いてくださったのが、皆さんの父母であり、多宝会《たほうかい》・宝寿会《ほうじゅかい》・錦宝会《きんぽうかい》の皆さま方であることを、絶対に忘《わす》れてはならない。この方々《かたがた》の気高《けだか》き芳名《ほうめい》が、人類史《じんるいし》に永遠《えいえん》に輝《かがや》くことは間違《まちが》いありません。

――今こそ、学会二世、三世の私たちが戦う時です。学会の会合は、たとえ行く前は気が進まなかったとしても、出れば元気になります。どんなに忙《いそが》しくても、学会活動に励《はげ》めば、生命力《せいめいりょく》が強く豊《ゆた》かになります。これが、誰《だれ》もが実感《じっかん》する学会の素晴《すば》らしさです。

名誉会長　最高の「善知識《ぜんちしき》」の集《つど》いに連《つら》なるのだから、力《ちから》が湧《わ》いてこないわけがない。人間革命《かくめい》の善友《ぜんゆう》です。

「立正安国論《りっしょうあんこくろん》」には、「悦《よろこ》ばしきかな汝《なんじ》蘭室《らんしつ》の友に交《まじわ》りて麻畝《まほ》の性《しょう》と成《な》る」（御書三一ジベー）と説《と》かれています。創価の同志《どうし》こそ、「蘭室の友」です。

創価学会の和合僧《わごうそう》自体《たい》に、人の善性《ぜんせい》を呼《よ》び覚《さ》まし、高めゆく力が漲《みなぎ》っているのです。

◆青年が時代を創《つく》り、世界を変える

――　二〇〇八年九月、先生に見守《みまも》っていただき、代表三万六千人による埼玉青年部総会を、さいたまスーパーアリーナで盛大《せいだい》に行《おこな》うことができました。ここには、ブラジルの青年部の代表も参加し、感動《かんどう》をわかち合いました。そのメンバーが核《かく》となって、二〇〇九年五月三日には、サンパウロ市で青年部二万人の文化総会を堂々《どうどう》と開催《かいさい》しました。

名誉会長　そうだね。ブラジルの文化総会に参加した青年たちの多くが、この一年で、弘教《ぐきょう》を実《みの》らせたとのうれしい報告も届《とど》いています。

世界の青年部が、互《たが》いの健闘《けんとう》を讃《たた》え合いながら、異体同心《いたいどうしん》で、壮大《そうだい》な地球の広宣流布《こうせんるふ》を推進《すいしん》する段階《だんかい》に入った。ゆえに日本の君《きみ》たちが勝つことが、全世《ぜんせ》界《かい》の同志《どうし》の希望となり、未来の後輩《こうはい》の模範《もはん》となる。その誉《ほま》れは大きいよ。

――広宣流布の世界的な広がりといえば、仕事のためアメリカに滞在《たいざい》している女子部員が、現地《げんち》の座《ざ》談会《だんかい》に参加した感想《かんそう》を語《かた》っていました。本当に多彩《たさい》な人種《じんしゅ》や民族《みんぞく》の人たちが一つの会合に集《つど》い、和気《わき》あいあいと語り合って、師弟不二《していふに》の前進を決意している。まさに「異体同心の団結《だんけつ》」は地球大のスケールだと感激《かんげき》したといいます。

名誉会長　グローバルな視野《しや》に立った時に、学会の存在《そんざい》が、いかに重要《じゅうよう》な意義《いぎ》を持っているかがよく見えてくる。日本にいては、かえってわからないかもしれない。

毎日毎日《まいにち》、皆さんが当《あ》たり前《まえ》と思って取り組んでいる地道《じみち》な運動こそが、時代を創《つく》り、世界を変えているのです。これが、広宣流布という最高最善《さいぜん》の道です。

――アメリカの宗教《しゅうきょう》ジャーナリストであるストランド氏は指摘《してき》されました。

「地涌《じゆ》の菩薩《ぼさつ》が人類共通《じんるいきょうつう》の大地から出現《しゅつげん》したということは、すべての人々が、手をたずさえて人類共和《じんるいきょうわ》の目的に進む存在《そんざい》であることを教えたものではないか」

そして、池田先生の「開かれた対話《たいわ》」を模範《もはん》として、ＳＧＩは活発《かっぱつ》に社会に出て交流《こうりゅう》している。

名誉会長　ここに、多様《たよう》な人々を包《つつ》み込《こ》みながら発展する鍵《かぎ》があると論《ろん》じておられました。

名誉会長　「多民族《たみんぞく》、多様性の調和《ちょうわ》する社会」という、人々の夢を実現《じつげん》しているのが、創価の異体同心《いたいどうしん》の世界なのです。そこに、多くの識者《しきしゃ》が人類の宿命《しゅくめい》を変える可能性《かのうせい》を見出《みいだ》し、期待しています。

◆「学会には人々を融合《ゆうごう》させる力《ちから》が」

―― マハトマ・ガンジーの直系《ちょっけい》の弟子《でし》であったパンディ博士（インド国立ガンジー記念館副議長）も、紛争《ふんそう》の歴史を転《てん》じゆく願《ねが》いを込めて、こう語《かた》られました。「何よりも人類を融合させるために皆が団結《だんけつ》すべきです。それには創価学会が有効《ゆうこう》な働《はたら》きをもっていると信じます」と。

なぜ、創価の「異体同心」には、人類の融合をリードする力があるのでしょうか？

名誉会長　第一に、深い「哲学《てつがく》」があるからです。

第二に、たゆまぬ「行動」があるからです。

第三に、一貫《いっかん》した「勇気」があるからです。

異体同心《いたいどうしん》には、万人《ばんにん》が皆、平等《びょうどう》であり、尊極《そんごく》の生命であるという法華経《ほけきょう》の「哲学《てつがく》」が裏《うら》づけにあります。

日蓮仏法には、人種《じんしゅ》や民族《みんぞく》、階層《かいそう》、男女《だんじょ》などの差別《さべつ》がまったくありません。大聖人《だいしょうにん》は「一人《ひとり》を手本《てほん》として一切衆生平等《いっさいしゅじょう》」（御書五六四㌻）であり、「男女《なんにょ》はきらふべからず」（御書一三六〇㌻）と宣言《せんげん》されています。

「万人の成仏《じょうぶつ》」という可能性《かのうせい》を信じ抜《ぬ》いているからこそ、「異体」の「同心」が成《な》り立《た》つ。一人一人が妙法の力《ちから》によって最大に輝《かがや》いているからこそ、最高の調和《ちょうわ》が可能になるのです。

――今の指導者層《しどうしゃそう》の迷走《めいそう》を見ても、その根底《こんてい》に深い哲学がない、確固《かっこ》たる信念《しんねん》がないことが、根本的《こんぽんてき》な要因《よういん》だと思います。女子部は「世界一の生命哲学を学ぶ」「正義《せいぎ》と友情の華《はな》の対話《たいわ》を」との指針《ししん》のままに前進しています。

名誉会長　そうだね。創価の乙女《おとめ》が語《かた》った分だけ、時代は大きく動き、未来が開ける。

創価の異体同心《いたいどうしん》が、なぜ強いか。たゆまず対話《たいわ》の「行動」を積《つ》み重《かさ》ねているからです。手を抜《ぬ》かないからです。

組織《そしき》の異体同心といっても、人類《じんるい》の結合《けつごう》といっても、原理《げんり》は同じです。友のもとへ、何度《なんど》も何度も足を運《はこ》ぶ。立場《たちば》や肩書《かたがき》ではなく、一人《ひとり》の人間として語《かた》り合《あ》い、心を結《むす》んでいく。その堅実《けんじつ》な繰《く》り返《かえ》しから、真実《しんじつ》の和合《わごう》が生まれるのです。

また社会にあっては、どんなに不信《ふしん》の壁《かべ》が立ちはだかっていても、爪《つめ》を立てる思いで、誠実《せいじつ》に対話を繰り返してきた。だからこそ、妙法は、世界に広まったのです。

埼玉が生んだ、日本の近代経済の父・渋沢《しぶさわ》栄一氏も、「世に至誠《しせい》ほど根底《こんてい》の深い偉力《いりょく》あるものはない」*と語っています。人間関係が希薄《きはく》になっている現代社会にあって、ますます大切なのは誠実な「対話」です。

大聖人《だいしょうにん》ほど「対話」を大切にされた方はおられません。御書には「日蓮は、この法門《ほうもん》を語ってきたので、他の人とは比較《ひかく》にならないほど多くの人に会ってきた」（一四一八ジベー、通解）とも仰《おお》せです。

皆さんの対話は、この大聖人に直結《ちょっけつ》する仏道修行《ぶつどうしゅぎょう》です。

反発《はんぱつ》される時もあるでしょう。しかし、その分だけ自分の生命が強く鍛《きた》えられます。

大聖人《だいしょうにん》は「ついにをそれずして候《そうら》へば、今は日本国の人人《ひとびと》も道理かと申《もう》すへんもあるやらん」（御書一一三八ジペー）と仰《おお》せです。

その時は相手《あいて》の心が変わらなくとも、勇気と誠実《せいじつ》の対話《たいわ》は必《かなら》ず信頼《しんらい》を残《のこ》します。その信頼が、最後に大きく花開くのです。

◆魔《ま》を打《う》ち破《やぶ》れ

―― あまりにも尊《とうと》い創価の「異体同心《いたいどうしん》」の世界を、青年部は断《だん》じて護《まも》り、広げてまいります。

名誉会長　仏法は峻厳《しゅんげん》です。「月月《つきづき》・日日《ひび》につよ《強》り給《たま》へ・すこしもたゆ《撓》む心あらば魔たよりをうべし」（御書一一九〇ジペー）と仰せの通り、油断《ゆだん》すれば、魔に付《つ》け入《い》る隙《すき》を与《あた》えてしまう。魔とは分断《ぶんだん》を狙《ねら》う働《はたら》きでもある。

御書には、こう戒《いまし》められています。

「内《うち》から言《い》い争《あらそ》いが起《お》こったら、〝シギとハマグリの争い〟のように〝漁夫《ぎょふ》の利《り》〟となるおそれがあります。南無妙法蓮華経と唱《とな》えて、つつしみなさい。つつしみなさい」（御書一一〇八ジベー、趣意）と。

この御書をいただいたのは、池上《いけがみ》兄弟の弟です。兄が、極楽寺良観《ごくらくじりょうかん》らの陰謀《いんぼう》によって、父から勘当《かんどう》されたのも、いわば兄弟に対《たい》する離《り》間策《かんさく》でした。

ですから、大聖人《だいしょうにん》は、兄弟の団結《だんけつ》、そして夫人《ふじん》たちも含《ふく》めた団結こそが、勝利への決め手であると御指導《ごしどう》されたのです。

一人《ひとり》一人が自《みずか》らを人間革命《かくめい》しながら、広宣流布《こうせんるふ》の大願《だいがん》のために心を一致《いっち》させる「鉄桶《てっとう》の団結」こそが、魔《ま》を打《う》ち破《やぶ》り、「異体同心《いたいどうしん》の勝利」を実現《じつげん》するのです。

――二〇〇七年、先生は埼玉池田研修道場《けんしゅうどうじょう》を訪問《ほうもん》された際《さい》、「『破邪顕正《はじゃけんせい》』といっても、あくまで『破邪』が先である。まず悪《あく》と戦い、悪を打ち破るのだ」と教えてくださいました。関東の青年部は、この指針《ししん》を生命に刻《きざ》みつけて勇猛精進《ゆうみょうしょうじん》していきます。

名誉会長　青年時代、私は埼玉でも、栃木でも、破邪顕正の闘争《とうそう》の先頭《せんとう》に立ちました。千葉で、茨城で、群馬で、広宣流布の拡大《かくだい》のため、会員を護《まも》るために、全身全霊《ぜんしんぜんれい》で戦いました。

「関東に難攻不落《なんこうふらく》の大城《だいじょう》を築《きず》け！　そうすれば広宣流布《こうせんるふ》の未来は盤石《ばんじゃく》だ」とは、戸田先生の遺言《ゆいごん》です。

「異体同心《いたいどうしん》」の「心」とは「広宣流布を願《ねが》う心」です。「同志《どうし》を尊敬《そんけい》する心」です。「師《し》子王《しおう》の心」です。その究極《きゅうきょく》は「師弟不二《していふに》の心」です。

――青年部は、「師弟不二の信心」「破邪顕正《はじゃけんせい》の言論《げんろん》」、そして「異体同心の団結《だんけつ》」で、必《かなら》ずや大勝利の金字塔《きんじとう》を打ち立てていく決意です。

名誉会長　苦《くる》しい時こそ、題目を朗々《ろうろう》と唱《とな》え抜《ぬ》くことです。題目は師子吼《ししく》です。大変な時こそ、けなげな同志に、声を惜《お》しまず、ねぎらいと励《はげ》ましを送り続けることです。学会歌を、皆で声高《たか》らかに歌うことです。声が、力《ちから》になり、勢《いきお》いになる。

御聖訓《ごせいくん》には、「始中終《しちゅうじゅう》すてずして大難《だいなん》を・とをす人・如来《にょらい》の使《つかい》なり」（御書一一八二ページ）と仰《おお》せです。

「もう、これくらいで」といった安易《あんい》さや、「もう大丈夫《だいじょうぶ》だ」との油断《ゆだん》は大敵《たいてき》です。互《たが》いに励まし合いながら、共《とも》に最後の最後まで持てる力を最大限《さいだいげん》に出しきっていく。これが「異体同心の団結」です。

立正安国《りっしょうあんこく》のため、一つ一つ力《ちから》を合わせて勝ち越《こ》えていく。そこに広布《こうふ》と人生の金剛不壊《こんごうふえ》の城《しろ》が築《きず》かれるのです。

ともあれ、万年《まんねん》の広宣流布《こうせんるふ》の実現《じつげん》へ、戦いは「いよいよこれから」だ。一切《いっさい》は今から始まる。目覚《めざ》めた青年の異体同心《いたいどうしん》の奔流《ほんりゅう》は、誰《だれ》も止《と》められない。

「いよいよ強盛《ごうじょう》に大信力《だいしんりき》をいだし給《たま》へ」（御書一一九二㌻）です。「いよいよ・はりあげてせむべし」（御書一〇九〇㌻）だ。

若き敢闘精神《かんとうせいしん》のスクラムに勝《まさ》るものはない。青年の怒濤《どとう》の前進で、新時代の緑野《りょくや》を開いてもらいたい。君《きみ》たちの青春の大勝利を待っています。

不軽《ふきょう》の不屈《ふくつ》の精神《せいしん》
粘《ねば》り強《づよ》く真剣《しんけん》に　誠実《せいじつ》に語《かた》れ

――池田先生からいただいた歌「広布《こうふ》に走れ」のままに、青年部は勇《いさ》んで戦い、走っています。この六月三十日は、学生部の結成記念日《けっせいきねんび》です。今年（二〇一〇年）で結成五十三周年。創価の知性《ちせい》のスクラムは五大陸《ごたいりく》に広がりました。男子部も、女子部も、「池田大学」に学ぶ誇《ほこ》りを胸《むね》に前進しています。

名誉会長　若き地涌《じゆ》の英知《えいち》光る君《きみ》たちの成長が、世界の希望です。

「一切《いっさい》の法は皆是《こ》れ仏法なり」（御書五六四ジペー）と説《と》かれています。

学問《がくもん》の探究《たんきゅう》においても、社会への貢献《こうけん》においても、わが創価の英才《えいさい》たちは、世界中で、勝利の実証《じっしょう》を堂々《どうどう》と示《しめ》している。これほど、うれしいことはない。

私が世界の大学と友情を結《むす》び、交流《こうりゅう》を進めているのも、君《きみ》たちが胸《むね》を張《は》って活躍《かつやく》しゆく平和の大道《だいどう》を開くためなのです。

――ありがとうございます。男女学生部は、先生の弟子《でし》として、世界中に知性《ちせい》と正義《せいぎ》の連帯《れんたい》を広げています。

名誉会長　戸田先生が学生部を結成《けっせい》された目的は何か。それは、真《しん》に民衆《みんしゅう》に奉仕《ほうし》し、人々を幸福と勝利へリードする、力《ちから》ある指導者を育成《いくせい》することにあります。

指導者と権力者《けんりょくしゃ》の違《ちが》いは、どこにあるか。権力者は民衆を見下《みくだ》し、青年を利用《りよう》する。それに対《たい》し、真の指導者は民衆を敬《うやま》い、青年のために手を打ち、青年を育成する。

本来、民衆の幸福を第一義《だいいちぎ》とすべき指導者たちが、権力の魔性《ましょう》に狂《くる》って、傲《おご》り高ぶり、多くの人々の幸福を踏《ふ》みにじってしまった。軍国主義《ぐんこくしゅぎ》の日本が、その最《さい》たるものだった。この顛倒《てんとう》が、これまでの痛恨《つうこん》の歴史です。その大転換《だいてんかん》を、戸田先生は妙法の学徒《がくと》に託《たく》されたのです。

――今でも、口《くち》では立派《りっぱ》そうなことを言いながら、結局《けっきょく》、自分たちの保身《ほしん》ばかりを考え、庶民《しょみん》を愚弄《ぐろう》し、利用するエリートが多く見受《みう》けられます。

◆尊《とうと》き婦人部に感謝

――アメリカ建国《けんこく》の指導者ジョージ・メイソンも「すべての権力《けんりょく》はもとより民衆《みんしゅう》に授《さず》けられており、ひいては、民衆から生《しょう》じている」と述《の》べています。

名誉会長　どこまでも民衆が根本《こんぽん》です。御書には、「王は民《たみ》を親とし」（一五五四ジペー）と仰《おお》せです。指導者は、民衆を父と思い、母と思って、大切にし、尽《つ》くしていくべきだと教えておられるのです。

さらに、指導的立場《たちば》にありながら「民の嘆《なげ》きを知らなければ悪《あく》の報《むく》いを受ける」（御書三六ジペー、趣意）という厳《きび》しい戒《いまし》めもあります。

社会的な地位があるから、有名な大学を出たから偉《えら》いのか。そうではない。

一番偉いのは、友の幸福のため、地域の繁栄《はんえい》のため、平和のために、来る日も来る日も行動を貫《つらぬ》いている庶民《しょみん》です。広宣流布《こうせんるふ》のために戦っている皆さんのお父さん、お母さん方です。学会の大先輩方《だいせんぱいがた》です。この尊き方々《かたがた》の一心不乱《いっしんふらん》の戦いで、世界的な創価学会ができあがった。

若き皆さんは、その大恩《だいおん》を忘《わす》れず、庶民《しょみん》に尽《つ》くし抜《ぬ》く大指導者に成長してもらいたい。そのための学問《がくもん》です。信心です。青春の薫陶《くんとう》です。

―― ある学生部のリーダーには、忘れられない一つの原点《げんてん》があります。彼はアメリカ創価大学に入学する前、モンタナ州《しゅう》の大学で学びましたが、授業《じゅぎょう》についていけず、友人もできず、散々《さんざん》でした。悩《なや》んで帰《き》国《こく》さえ考えていた時、草創《そうそう》から戦ってこられたアメリカの婦人部の方に激励《げきれい》されました。「だらしないわね！ あなたは日本にいた時は、両親《りょうしん》の信心で守《まも》られてきたのよ。今度《こんど》は自分の信心で、しっかり立ちなさい！」と。彼は、そこから本気《ほんき》になって信心と勉学に挑戦《ちょうせん》しました。アメリカ創価大学へ入学を果《は》たし、弘教《ぐきょう》も実《みの》らせることができたといいます。

名誉会長 ありがたいね。婦人部が強く、偉大《いだい》なのは、万国共通《ばんこくきょうつう》だ。（笑い）

婦人部には深い信心の体験《たいけん》がある。だから確信《かくしん》の深さが違《ちが》う。私とともに、幾多《いくた》の三障《さんしょう》四魔《しま》を乗《の》り越《こ》え、広宣流布《こうせんるふ》の道なき道を開いてきてくださった尊《とうと》い宝《たから》の方々《かたがた》です。どんなに悪口《わるくち》を言われようと、雨の日も風の日も、炎天下《えんてんか》の日も、健気《けなげ》に対話《たいわ》に駆《か》けてこられた。その姿《すがた》は、まさしく法華経《ほけきょう》に説《と》かれる「不軽菩薩《ふきょうぼさつ》」の行動と重《かさ》なります。

御聖訓《ごせいくん》に「法門《ほうもん》の故《ゆえ》に人にも・あだまれさせ給《たま》ふ女人《にょにん》、さながら不軽菩薩《ふきょうぼさつ》の如《ごと》し」（御書一四一九ジペー）と仰《おお》せの通りです。

今回は、この不軽菩薩をテーマに語《かた》らいを進めたら、どうだろうか。青年部の目指《めざ》すべき言論戦《げんろんせん》の原点《げんてん》も、この不軽の精神《せいしん》にあるからです。

◆我《われ》らは不軽の勇者《ゆうしゃ》！

―― 不軽菩薩といえば、常不軽菩薩品《じょうふきょうぼさつほん》第二十に登場《とうじょう》する菩薩ですね。一切衆生《いっさいしゅじょう》に仏性《ぶっしょう》があるとして、会う人ごとに「二十四文字《もじ》の法華経《ほけきょう》」を唱《とな》えて礼拝《らいはい》しました。

それは「私は深く、あなた方《がた》を敬《うやま》います。決《けっ》して軽《かろ》んじたりしません。その理由《りゆう》は、あなた方は皆、菩薩道の実践《じっせん》をして、必《かなら》ず仏《ほとけ》になることができるからです」という内容《ないよう》の経《きょう》文《もん》です。

名誉会長　そうだね。ここには、根本的《こんぽんてき》な対話《たいわ》の在《あ》り方《かた》が示《しめ》されています。

不軽菩薩は、万人《ばんにん》の生命に内在《ないざい》する仏性を礼拝し、「二十四文字の法華経」を語った。遠《とお》くにいる人に対《たい》しても、自分から歩《あゆ》み寄《よ》って、語りかけていった。

——じつにバイタリティーあふれる行動力《こうどうりょく》です。

名誉会長　しかし、増上慢《ぞうじょうまん》の衆生《しゅじょう》は、この不軽菩薩《ふきょうぼさつ》に反発《はんぱつ》し嘲笑《ちょうしょう》する。法華経《ほけきょう》の「万人《ばんにん》が仏《ほとけ》である」との絶対尊厳《そんげん》の哲学《てつがく》が、信じられなかったからです。人々は不軽菩薩に対《たい》して杖木瓦石《じょうもくがしゃく》をもって迫害《はくがい》する。それでも不軽は、決《けつ》して礼拝行《らいはいぎょう》をやめない。皆を決して軽《かろ》んじない——ゆえに「不軽」「常《じょう》不軽」というのです。

——どんなに非難《ひなん》され、迫害されても、修行《しゅぎょう》をやめなかったのですね。

名誉会長　そこが不軽の偉大《いだい》さです。増上慢の人々の所に勇敢《ゆうかん》に飛《と》び込《こ》んでいく。絶対にあきらめない。戦いをやめない。粘《ねば》り強《づよ》いのです。

これは「受け身」で、できる行動ではありません。

大聖人《だいしょうにん》は「彼（＝不軽）は初随喜《しょずいき》の行者《ぎょうじゃ》」（御書一二七七㌻）と仰《おお》せです。

「初随喜」とは、仏の滅後《めつご》に法華経を聞いて随喜の心を起《お》こした人の位《くらい》です。

そこには、最極《さいごく》の正義《せいぎ》にめぐりあった、真実《しんじつ》の喜《よろこ》びがあった。だからこそ「不退《ふたい》」だった。いうなれば、青年部であり、学生部・女子学生部の君《きみ》たちに通《つう》じます。

——私たちは、常《つね》に「初心忘《しょしんわす》るべからず」で行動を貫《つらぬ》いてまいります。それにしても、不軽《ふきょう》は実《じつ》に賢明《けんめい》です。相手《あいて》が、杖木瓦石《じょうもくがしゃく》で迫害《はくがい》してこようとすれば、いったん走って避《さ》ける。そして遠《とお》くから、「二十四文字《もじ》の法華経《ほけきょう》」を大きな声で叫《さけ》びます。（笑い）

名誉会長　そうです。揺《ゆ》るぎない正義《せいぎ》の信念《しんねん》に徹《てっ》しているからこそ、快活《かいかつ》であり、柔軟《じゅうなん》なのです。

今は五濁悪世《ごじょくあくせ》の時代です。ずる賢《がしこ》い悪人《あくにん》も増えている。騙《だま》されてはならない。悪事《あくじ》に巻《ま》き込《こ》まれてもならない。決《けっ》して悪縁《あくえん》を近《ちか》づけさせない聡明《そうめい》さを、青年は鋭《するど》く持たねばならない。強く賢《かしこ》くなることだ。

「さきざきよりも百千万億倍・御用心《ごようじん》あるべし」（御書一一六九ジペー）と御書にも仰《おお》せです。

特に女性は、心に隙《すき》をつくらないで、絶対無事故《むじこ》をお願《ねが》いしたい。

――　常《つね》にご指導をいただいている帰宅《きたく》時間などについても、皆で注意《ちゅうい》し合って気をつけていきます。ところで、池田先生と対談《たいだん》されたネパールの著名《ちょめい》な仏教学者《ぶっきょう》シャキャ博士は、こう語《かた》られました。

「不軽品《ふきょうほん》に登場《とうじょう》する常不軽菩薩《じょうふきょうぼさつ》は、すべての人に仏性《ぶっしょう》ありとして、礼拝行《らいはいぎょう》を貫《つらぬ》きました。あらゆる生命存在《そんざい》の仏性を確信《かくしん》し、それを開いていく行動――。人格完成《じんかくかんせい》のための最高の哲学《てつがく》が、ここにあります」と。そして、この菩薩道《ぼさつどう》を現代に展開《てんかい》しているのが、池田先生の指導されるSGIであると指摘《してき》されています。

名誉会長　博士は、釈尊生誕《しゃくそんせいたん》の国ネパールを代表する知性《ちせい》です。博士と語《かた》り合《あ》ったことは忘《わす》れられません。

――不軽菩薩《ふきょう》は、なぜ迫害《はくがい》にあいながらも不屈《ふくつ》の実践《じっせん》を貫《つらぬ》いたのでしょうか。

名誉会長　不軽菩薩が活躍《かつやく》したのは、威音王仏《いおんのうぶつ》の像法《ぞうほう》時代の終わりです。仏《ほとけ》の真実《しんじつ》の教えが忘れ去《さ》られ、「増上慢《ぞうじょうまん》の比丘《びく》」が充満《じゅうまん》していた。

不軽菩薩は、混沌《こんとん》とした社会にあって、「仏の教え」の肝要《かんよう》に自《みずか》ら歓喜《かんき》し、人々にもそれを蘇《よみがえ》らせようとしたと考えられる。「仏の教えを隠没《おんもつ》させてなるものか！」「仏の教えの通り、あらゆる人を救《すく》いきっていくのだ！」――この人間としての切《せつ》なる思いが、不屈の実践の原動力《げんどうりょく》となったのではないだろうか。

シャキャ博士が言われていたように、不軽菩薩の実践には「人間復権《ふっけん》」の大哲学があります。創価の師弟《してい》の運動も、末法《まっぽう》という濁世《じょくせ》にあって「人間尊敬《そんけい》の大哲学」を復興《ふっこう》しゆく戦いです。

――　だから、「人間を軽賤《きようせん》する」「生命の尊厳《そんげん》を軽《かろ》んじる」勢力《せいりよく》との闘争《とうそう》が必然《ひつぜん》になるのですね。

名誉会長　そうです。正《ただ》しいからこそ、圧迫《あつぱく》される。中傷《ちゆうしよう》される。これに打ち勝ってこそ、真《しん》の立正安国《りつしようあんこく》が実現《じつげん》できる。民衆《みんしゆう》の団結《だんけつ》の力《ちから》で平和と共生《きようせい》の世界を築《きず》いていくことができるのです。

――　学生部結成《けつせい》の日、先生は北海道の地から、祝福《しゆくふく》の電報《でんぽう》を打ってくださいました。「夕張炭労事件《ゆうばりたんろう》」の渦中《かちゆう》でした。この結成の日に、大阪府警《ふけい》は、まったく無実《むじつ》の先生に出頭《しゆつとう》の命令《めいれい》をしてきたのです。「大阪事件」の勃発《ぼつぱつ》です。かつて先生は関西の学生部の代表に「出獄《しゆつごく》と　入獄《にゆうごく》の日に　師弟《してい》あり」「七月の　三日忘《わす》れじ　富士仰《ふじあお》ぐ」と贈《おく》ってくださいました。

◆「人の振《ふ》る舞《ま》い」こそが仏法実践《じつせん》の肝要《かんよう》

名誉会長　正義《せいぎ》の革命児《かくめいじ》は、怒濤《どとう》の人生を恐《おそ》れなく、まっしぐらに進《む》むのです。不軽菩薩《ふきようぼさつ》は、増上慢《ぞうじようまん》の勢力《せいりよく》にも怯《ひる》まず、非暴力《ひぼうりよく》を貫《つらぬ》いた。それは、人間としての最高の行動である「人を敬《うやま》う振《ふ》る舞《ま》い」にほかなりません。

――この「一人《ひとり》を大切にする」振る舞いが、法滅《ほうめつ》の時代を変えていったのですね。

名誉会長　大聖人《だいしょうにん》は、「不軽菩薩《ふきょうぼさつ》の人を敬《うやま》いしは・いかなる事《こと》ぞ教主釈尊《きょうしゅしゃくそん》の出世《しゅつせ》の本懐《ほんかい》は人の振舞《ふるまい》にて候《そうらい》けるぞ」（御書一一七四ジペー）と断言《だんげん》されています。

「人の振る舞い」こそ、仏法実践《じっせん》の肝要《かんよう》です。この振る舞いが相手《あいて》の生命を変える。どこまでも「誠意《せいい》」です。

御聖訓

不軽菩薩《ふきょうぼさつ》の人を敬《うやま》いしは・いかなる事《こと》ぞ教主釈尊《きょうしゅしゃくそん》の出世《しゅっせ》の本懐《ほんかい》は人の振舞《ふるまい》にて候《そうらい》けるぞ

「崇峻天皇御書《すしゅんてんのう》」御書一一七四ジペー

全身全霊《ぜんしんぜんれい》の「情熱《じょうねつ》」です。

ひたむきな「真剣《しんけん》」です。

その根本《こんぽん》は「勇気」です。

それでこそ、人々の心を大きく動かしていくことができる。不軽菩薩《ふきょうぼさつ》も、信念《しんねん》と誠実《せいじつ》を貫《つらぬ》いて、最後は勝利した。

――不軽菩薩自身は、「六根清浄《ろっこんしょうじょう》」という大功徳《だいくどく》を得《え》て、寿命《じゅみょう》を「二百万億那由他《なゆた》歳」という長《なが》きにわたって延《の》ばします。そしてこの不軽が後《のち》に釈尊《しゃくそん》となります。

さらに御書には「不軽菩薩を罵打《のりうち》し人は始《はじめ》こそ・さありしかども後には信伏随従《しんぷくずいじゅう》して不軽菩薩を仰《あお》ぎ尊《とうと》ぶ」（一二二五ページ）とあります。最終的《さいしゅうてき》には、迫害《はくがい》した側《がわ》も、自分たちの誤《あやま》りに気づいていくのです。

名誉会長　勇気と誠実と忍耐《にんたい》の勝利です。

「御義口伝《おんぎくでん》」には「鏡《かがみ》に向《むか》つて礼拝《らいはい》を成《な》す時浮《うか》べる影又我《かげまたわれ》を礼拝するなり」（御書七六九ページ）とあります。上慢《じょうまん》の四衆《ししゅう》の仏性《ぶっしょう》は、実《じつ》は不軽菩薩を礼拝していると仰《おお》せなのです。

私たちが、相手《あいて》の仏性を尊敬《そんけい》して対話《たいわ》をした時、たとえ、その時は反発《はんぱつ》されたとしても、相手《あいて》の仏性《ぶっしょう》は実《じつ》は私たちの仏性を礼拝《らいはい》しています。私たちが誠実《せいじつ》に語《かた》った分だけ、仏種《ぶっしゅ》が植《う》えられ、必《かなら》ず相手の生命も変革《へんかく》への一歩《いっぽ》を始めているのです。勇気をもって語れば、こちらの仏性も強く現《あらわ》れる。相手の仏性も薫発《くんぱつ》される。

私たちの対話《たいわ》は、お互《たが》いが心豊《ゆた》かになり、「自他共《じたとも》の幸福」を開き、「皆が勝者《しょうしゃ》」へと前進しゆく行動なのです。「広宣流布《こうせんるふ》」即《そく》「世界平和」の推進《すいしん》も、私たちのたゆみない対話の繰《く》り返《かえ》しの中にしかありません。

◆「折伏《しゃくぶく》すれば信用《しんよう》が残《のこ》る」

―― 本当に地道《じみち》な戦いだと思います。

名誉会長 そう。地道といえば、これほど地道な労作業《ろうさぎょう》もない。しかし着実《ちゃくじつ》に、そして確実《かくじつ》に相手の生命は変革されます。それが「下種《げしゅ》仏法」の対話の力《ちから》です。

大聖人《だいしょうにん》は仰《おお》せです。

「少《すこ》しも恐《おそ》れなく法華経《ほけきょう》を弘《ひろ》め続けたので、今は日本国の人びとの中にも、『日蓮の言うことが道理かもしれない』と言う人もあろう」（御書一一三八ページ、通解）と。

君《きみ》たちの若き対話《たいわ》の力《ちから》が、広宣流布《こうせんるふ》を大きく前進させることは間違《まちが》いありません。


――学生部は、ますます自信満々《じしんまんまん》と対話に邁進《まいしん》していく決意です。


名誉会長　人間は必《かなら》ず変わる。それを「どうせ話しても無駄《むだ》」と決めつけてはいけない。決めつけは無慈悲《むじひ》に通《つう》じてしまう。これが不軽《ふきょう》の精神《せいしん》なのです。

戸田先生は言われました。

「祈《いの》りを込《こ》めた対話には、必ず強い強い仏《ほとけ》の力がこもる」「折伏《しゃくぶく》すれば信用《しんよう》が残《のこ》る」

さらに先生は、青年に、「一人《ひとり》の強き生命力《せいめいりょく》が、多くの人の生命に影響《えいきょう》を与《あた》え、よりよく変えることができる。この働《はたら》きを最《もっと》も確実《かくじつ》に推進《すいしん》する力が妙法なのである」と語《かた》られました。

君たちの勇気の声は、清々《すがすが》しい波動《はどう》を広げる。そして、信頼《しんらい》を深めるのです。


――青年部は広宣流布の対話の渦《うず》のなかで、断《だん》じて勝利を開いていきます。

名誉会長　それでこそ、現代の不軽菩薩《ぼさつ》です。
あらためて言えば、「万人《ばんにん》が尊極《そんごく》の存在《そんざい》である」という真実《しんじつ》が見失《みうしな》われ、増上慢《ぞうじょうまん》の勢力《せいりょく》が充満《じゅうまん》している時代に不軽菩薩《ふきょうぼさつ》は出現《しゅつげん》した。そして、「人間尊敬《そんけい》の哲学《てつがく》」の力《ちから》で人々の生命を変えていった。

現代にあって、友の幸福のために生《い》き抜《ぬ》く学会員の姿《すがた》は不軽菩薩と同じです。その不軽の勇気を青年部は受《う》け継《つ》いでいってもらいたい。

二十一世紀の勝利はすべて、青年の手にかかっている。君《きみ》たちの「不軽の不屈《ふくつ》の精神《せいしん》」で、民衆凱歌《みんしゅうがいか》の新時代を威風堂々《いふうどうどう》と勝ち開いていってもらいたいのです。

未来を創《つく》る

人材の大河《たいが》を万代《ばんだい》に

――このたび（二〇一〇年八月）は、アジアを代表する名門《めいもん》マレーシア国立マラヤ大学から「名誉人文学博士号《じんぶんがくはくしごう》」のご受章《じゅしょう》、誠《まこと》におめでとうございます！

名誉会長　ありがとう！　マレーシアの同志《どうし》は、草創《そうそう》から苦労に苦労を重《かさ》ねながら、誠実《せいじつ》に社会に貢献《こうけん》し、信頼《しんらい》を勝ち取ってこられました。私はその尊《とうと》き方々《かたがた》と分《わ》かち合《あ》う思いで、この栄誉《えいよ》をお受けさせていただきました。

――先生が開いてくださった教育・文化交流《こうりゅう》の道が、どれほど大きいか。マラヤ大学にも、これまで五十人を超《こ》す創価大学からの留学生《りゅうがくせい》が学んできました。努力《どりょく》を貫《つらぬ》いて、マラヤ大学で博士号を取得《しゅとく》した友もいます。

名誉会長　うれしいね。マレーシアでは、創価幼稚園《ようちえん》の園児《えんじ》たちも、伸《の》びやかに成長しています。私も二〇〇〇年に訪問《ほうもん》しました。
多様性《たようせい》に富《と》むマレーシアで、マレー語も、中国語も、英語も自在《じざい》に話しながら、仲良《なかよ》く凜々《りり》しく育《そだ》ちゆく〝世界市民〟たちです。皆も日本語だけじゃ、もったいないよ。（笑い）
今年（二〇一〇年）は創価教育の八十周年。牧口先生も、戸田先生もさぞかし、お喜《よろこ》びでしょう。

——日本も、未来部育成《いくせい》の夏が真《ま》っ盛《さか》りです。全国の担当者《たんとうしゃ》の方々《かたがた》が、寸暇《すんか》を惜《お》しんで激励《げきれい》に走ってくださっています。特に今回（二〇一〇年七月）、池田先生に「正義《せいぎ》の走《そう》者《しゃ》」の歌詞《かし》を加筆《かひつ》していただきました。新《あら》たに未来部歌として、皆、大喜《おおよろこ》びで歌い始めています。

◆未来部は「世界の希望」

名誉会長　未来部は「学会の宝《たから》」です。「世界の希望」であり、「人類《じんるい》の明日」です。
広宣流布《こうせんるふ》の前途《ぜんと》を託《たく》す若き友のためならば、私は何《なん》でもしてあげたい。できることならば、一人《ひとり》一人と固《かた》い握手《あくしゅ》を交《か》わし、励《はげ》ましてあげたい。

でも、どうやっても、私の体は一つしかない。だから私に代《か》わって、皆さんの熱《ねつ》と力《ちから》で、創価の命《いのち》というべき後継《こうけい》の人材を激励《げきれい》していただきたいのです。

―― はい。先生のお心を深く胸《むね》に刻《きざ》み、未来部の育成《いくせい》に全力で取り組んでまいります。

名誉会長 法華経《ほけきょう》の宝塔品《ほうとうほん》では、釈尊《しゃくそん》のもとへ多宝《たほう》・十方分身《じっぽうぶんしん》の諸仏《しょぶつ》がやって来て、勢《せい》揃《ぞろ》いします。それは、何ゆえであったか。

「開目抄《かいもくしょう》」には、令法久住《りょうぼうくじゅう》のためであり、「未来に法華経を弘《ひろ》めて未来の一切《いっさい》の仏子《ぶつし》にあたえんと・おぼしめす」（御書二三六ジペー）ゆえであると仰《おお》せです。

法華経の眼目《がんもく》は、「未来の広宣流布《こうせんるふ》」です。仏《ほとけ》の眼《まなこ》から見れば、「未来の一切の仏子」、すなわち末法《まっぽう》の衆生《しゅじょう》を救《すく》うことが最重要《さいじゅうよう》のテーマです。

広宣流布こそ、「末法一万年の衆生まで成仏《じょうぶつ》せしむる」（御書七二〇ジペー）聖業《せいぎょう》です。そのためには、どうしても、後継の人材が陸続《りくぞく》と続くことが必要《ひつよう》です。

そう捉《とら》えて、今、一人の青年部・未来部を励ますことは、広布《こうふ》の壮大《そうだい》な価値《かち》創造《そうぞう》となるのです。

――未来部は先生が第三代会長に就任《しゅうにん》されて、最初に結成《けっせい》してくださった部です。その時の思いを、先生はこう語《かた》られました。

〝私は、二十一世紀のことを真剣《しんけん》に考えている。その時に、誰《だれ》が広宣流布《こうせんるふ》を、世界の平和を担《にな》っていくのか。誰が二十一世紀に、本当の学会精神《せいしん》を伝《つた》えていくのか。それは、今の未来部のメンバーに頼《たの》むしかない〟と。

名誉会長　その思いは、少《すこ》しも変わりません。

この二十一世紀こそ、恒久《こうきゅう》平和の基《き》盤《ばん》を築《きず》き、生命尊厳《そんげん》の思想《しそう》を人類《じんるい》の思潮《しちょう》として確立《かくりつ》する時です。

そのために、創価学会が果《は》たすべき使命《しめい》はあまりに大きい。民衆《みんしゅう》の精神の土壌《どじょう》を豊《ゆた》かにし、人類の境涯《きょうがい》を高めていく創価の実践《じっせん》に、世界各界《かっかい》の識者《しきしゃ》から絶大《ぜつだい》なる信頼《しんらい》が寄《よ》せられる。いよいよ、そうした時代に入りました。

今の青年部、そして未来部が地球社会にとって、どれだけ、かけがえのない存在《そんざい》か。

創価の人材育成《いくせい》は、未来を創《つく》る最重要《さいじゅうよう》の真剣勝負《しょうぶ》です。「未来の果《か》を知らんと欲《ほっ》せば其《そ》の現在の因《いん》を見よ」（御書二三一ジベー）です。大事《だいじ》なのは、未来の勝利のために、今、具《ぐ》体的《たいてき》な手を打つことです。

◆全員が妙法の当体《とうたい》

――かつて、中等部の代表が参加させていただいた会合でのことです。池田先生が、わざわざ中等部員の側《そば》に来てくださいました。そして「二十一世紀を、よろしくお願《ねが》いします！」と言われて、深々《ふかぶか》と頭を下げてくださったのです。まるで国家元首《こっかげんしゅ》に相対《あいたい》するような、丁寧《ていねい》なお振《ふ》る舞《ま》いに深く感動《かんどう》し、「必《かなら》ず先生のご期待にお応《こた》えできる人材に成長しよう！」と決意したといいます。

名誉会長　法華経《ほけきょう》の会座《えざ》において、「女人成仏《にょにんじょうぶつ》」「即身成仏《そくしん》」の偉大《いだい》な実証《じっしょう》を示《しめ》したのは、若い竜女《りゅうにょ》でした。

南条時光《なんじょうときみつ》も、日蓮大聖人に最初にお目にかかったのは、七歳の時であったと推察《すいさつ》される。その後、十六歳で、大聖人のもとに馳《は》せ参《さん》じ、直々《じきじき》の薫陶《くんとう》をいただいた。妙法の花の若武者《わかむしゃ》として、逆風《ぎゃくふう》の中にあっても、勇気ある信心を貫《つらぬ》き通していきました。

その勇姿《ゆうし》を、大聖人は「上下万人《じょうげばんにん》にあるいは・いさめ或《あるい》はをどし候《そうら》いつるに・ついに捨《す》つる心なくて候《そうら》へば・すでに仏《ほとけ》になるべし」（御書一五八七ジペー）と讃《たた》えておられます。

妙法は、若き正義《せいぎ》の生命を最高最大に光り輝《かがや》かせていく大法則《だいほうそく》です。

汲《く》めども尽《つ》きぬ妙法の大功力《だいくりき》を、「現当二世《げんとうにせ》」すなわち今も未来も、最《もっと》も生き生きと発揮《はっき》していける。

それは、ほかの誰《だれ》でもない、未来部の友です。未来部の一人一人《ひとり》が、躍動《やくどう》する「妙法の当体《とうたい》」そのものなのです。

――私たちも決《けっ》して子ども扱《あつか》いするのではなく、共《とも》に「広宣流布《こうせんるふ》の同志《どうし》」として、向上《こうじょう》していきます。

名誉会長　私は、この場をお借《か》りして、男女青年部の「二十一世紀使命会《しめいかい》」、学生部の「進学推進部長《すいしん》」、壮年・婦人部の「未来部育成部長《いくせい》」の皆様をはじめ、各部の皆様に心から御礼《おんれい》を申《もう》し上《あ》げたい。宝《たから》の未来部といっても、少年部は、わんぱく盛《ざか》りです。中等部や高等部は、多感《たかん》な時期《じき》です。なかには、言うことを、なかなか聞いてくれないメンバーもいるかもしれない。

担当者《たんとうしゃ》の方々《かたがた》は、自身の仕事や家庭、学会活動など、本当に多忙《たぼう》ななか、時間をこじあけて一生懸命《いっしょうけんめい》に取り組んでくださっている。

その労苦《ろうく》が、私にはよくわかります。

「陰徳《いんとく》あれば陽報《ようほう》あり」（御書一一七八ページ）です。

「人のために火をともせば・我《わ》がまへあきらか《明》なるがごとし」（御書一五九八ページ）です。

未来部のために尽《つ》くした行動は、すべて我が身を飾《かざ》る大福運《だいふくうん》となる。皆さんのお子さんたちも、子孫《しそん》も、永遠《えいえん》に功徳《くどく》に包《つつ》まれていくことは絶対に間違《まちが》いありません。

◆今はわからなくても

――　二十一世紀使命会《しめいかい》の方々《かたがた》と話をすると、「未来部のメンバーを家庭訪問《ほうもん》した時に、心を開いてくれず、なかなか会話《かいわ》がはずまない」という悩《なや》みを聞きます。会合に来てもまったく顔を上げず、ひたすら畳《たたみ》を見つめているという子もいます。（笑い）

名誉会長　そうか。担当者《たんとうしゃ》も、子どもたちも、どちらも大変だね（笑い）。でも、会合に来てくれただけでも、すごいじゃないか。
その「心」を最大に讃《たた》えてあげてほしい。会合に来るのも挑戦《ちょうせん》です。未来部のみんなだって、遊《あそ》びたい盛《さか》りだ。いろいろな事情《じじょう》があるなかを頑張《がんば》って参加している。表面的《ひょうめんてき》には乗《の》り気《き》じゃなかったり、話を聞いてくれていないように見える時があるかもしれない。でも、戸田先生はよく言われました。

「たとえ今は何もわからなくとも、後であの会合に参加したと思い出すものだ。目で見て、耳で聞いて、体で覚《おぼ》えることが大切なのだ」と。

顔を上げなくても、じっと話を聞いていることもある。大事《だいじ》な「一言《ひとこと》」が心に深く入っている場合《ばあい》もある。

―― 本当に先生がおっしゃる通りです。私たちもそうでした。担当者《たんとうしゃ》の方々《かたがた》が、どれだけ粘《ねば》り強《づよ》く祈《いの》ってくれていたか、後になって、その真心《まごころ》が痛《いた》いほど、わかります。

名誉会長　仏法の世界に触《ふ》れ、仏縁《ぶつえん》を結《むす》ぶことが、いかにすごいことか。長い目でみれば、何一《なにひと》つ無駄《むだ》はない。

御書には、平和の大指導者アショーカ大王《だいおう》の因縁《いんねん》が繰《く》り返《かえ》し記《しる》されています。

「昔《むか》し徳勝童子《とくしょうどうじ》と申《もう》せしをさなき者《幼》は土の餅《もち》を釈迦仏《しゃかぶつ》に供養《くよう》し奉《たてまつ》りて阿育《あそか》大王と生《うま》れて閻浮提《えんぶだい》の主と成《な》りて結句《けっく》は仏《ほとけ》になる」（御書一三八〇ジベー）

若き清《きよ》らかな心で、仏法のため、師匠《ししょう》のため、広宣流布《こうせんるふ》のためにと行動したことは、それが、ささやかに見えても、時とともに計《はか》り知《し》れない福徳《ふくとく》となって花開くのです。真心《まごころ》の「土の餅《もち》」一つで、「一閻浮提《いちえんぶだい》の大王《だいおう》」です。仏法の因果《いんが》は峻厳《しゅんげん》であると同時《どうじ》に、おとぎの世界のようにロマンに満《み》ちている。それが現実となるのが妙法です。

「心こそ大切」です。未来部の活動は、仏法の本義《ほんぎ》に則《のっと》って、若き心の大地に、偉大《いだい》な「勝利」と「栄光」の大指導者に育《そだ》つ種《たね》を蒔《ま》いているのです。

◆人間を磨《みが》くのは人間

――ある未来部のリーダーが小学六年生の時、母親が、がんで入院。父親は仕事が多忙《た ぼう》ななか、懸命《けんめい》に子どもたちの面倒《めんどう》をみましたが、家を留守《るす》にすることも多く、幼《おさな》い妹たちと三人で不安《ふあん》に押《お》しつぶされそうだったそうです。

この時、真《ま》っ先《さき》に駆《か》けつけて励《はげ》ましてくれたのが、地域の学会の同志《どうし》の方でした。折《おり》あるごとに声をかけ、一緒《いっしょ》に題目をあげてくれました。ご飯《はん》をごちそうになったこともありました。池田先生のご指導を通しての励ましを支《ささ》えに、家族は団結《だんけつ》し、母親も病魔《びょうま》を乗《の》り越《こ》えることができました。

名誉会長　学会ほど温《あたた》かな「励《はげ》ましの組織《そしき》」はありません。まさしく学会は「人間共和《きょうわ》のオアシス」であり、「幸福の安全地帯《あんぜんちたい》」です。

どんなに優秀《ゆうしゅう》なコンピューターでも、人間は育《そだ》てられない。教科書《きょうかしょ》だけでは、人格《じんかく》は鍛《きた》えられない。ダイヤモンドはダイヤモンドでしか磨《みが》けません。人間を磨くのは人間です。人間同士《どうし》の交流《こうりゅう》であり、触《ふ》れ合《あ》いです。これだけは、時代が移《うつ》ろうとも変わらない。

「あのお兄さんが通《かよ》ってくれたから！」「あのお姉さんの一言《ひとこと》があったから！」——担当《たんとう》

御聖訓

一切《いっさい》の仏法も又《また》人によりて弘《ひろ》まるべし

「持妙法華問答抄《じみょうほっけもんどうしょう》」御書四六五ジペー

者《しゃ》の励《はげ》ましを原点《げんてん》に頑張《がんば》ってきた未来部員、青年部員が全世《ぜんせ》界《かい》に幾《いく》十万、幾百万といる。私は日本のみならず、各国から、そうした喜《よろこ》びと感謝の報告を受けています。

——かつて埼玉県の未来部の合唱団《がっしょうだん》の友がいました。両親《りょうしん》の離《り》婚《こん》、そして同級生《どうきゅうせい》のいじめにあい、中学の後半はほとんど不《ふ》登校《とうこう》でした。

転機《てんき》となったのは、高等部担当者《たんとうしゃ》の熱心《ねっしん》な誘《さそ》いで参加した創価大学のオープンキャンパスでした。創大生の温《あたた》かな歓迎《かんげい》に感動《かんどう》するとともに、少年部時代に立てた創大進学《しんがく》の誓《ちか》いを思《おも》い起《お》こしたのです。彼は猛勉強《もうべんきょう》を開始《かいし》して見《み》事《ごと》、創大合格を勝ち取りました。大学一年の時、池田先生が授業参観《じゅぎょうさんかん》に来てくださり、思いもかけず、創立者《そうりつしゃ》と並《なら》んで法学《ほうがく》の講義《こうぎ》を受けることができました。先生からの激励《げきれい》を胸《むね》に、今、大学院生として研究に励《はげ》んでいます。

名誉会長　よく知っているよ。立派《りっぱ》になったね。

ともあれ、二〇三〇年に迎《むか》える創立百周年を勝ち開いていくのは、今の青年部・未来部の君《きみ》たちです。

そして、二〇〇一年五月三日から七年ごとのリズムで前進を開始した、第二の「七つの鐘《かね》」を打《う》ち鳴《な》らし、二〇五〇年を堂々《どうどう》と荘厳《そうごん》するのも、君《きみ》たちです。

「一切《いっさい》の仏法も又《また》人によりて弘《ひろ》まるべし」（御書四六五ページ）です。

どんなに法が立派《りっぱ》で、建物《たてもの》が整備《せいび》されても、人材の流《なが》れが枯《か》れてしまえば、広宣流布《こうせんるふ》の大河《たいが》は止《と》まってしまう。

戸田先生も「問題は人だ。全部、人で決まる。一人《ひとり》の青年で決まるのだ」と常々《つねづね》、語《かた》っておられた。

「顕仏未来記《けんぶつみらいき》」には、「伝持《でんじ》の人無《なけ》れば猶木石《なおもくせき》の（＝木像《もくぞう》・石像《せきぞう》が）衣鉢《えはつ》を帯持《たいじ》せるが如《ごと》し」（御書五〇八ページ）とも仰《おお》せです。「伝持の人」とは「後継《こうけい》の人」ともいってよい。

どんな団体も、後継者がいなければ滅《ほろ》び去《さ》ってしまう。

正《ただ》しき信心の後継者をたゆみなく育《そだ》てていくことが、正法正義《しょうほうしょうぎ》を永遠《えいえん》ならしめる唯一《ゆいいつ》の道なのです。

◆「自分以上に立派な人材に」と祈《いの》る

――池田先生は、今日《こんにち》の少子化《しょうしか》の流れをいちはやく察知《さっち》して、先手《せんて》を打ってくださいました。

「少子化《しょうしか》が進む時代だからこそ、『一人《ひとり》』が大事《だいじ》である。『一人』を徹底《てってい》して大切にしていくことである。後継《こうけい》の一人一人が、『一騎《いっき》当千《とうせん》の人材』に育《そだ》ってこそ、平和の未来は盤《ばん》石《じゃく》となるのである」とご指導してくださいました。私たちも、今まで以上に「一人」を大切にしていきます。

名誉会長　どこまでも真心《まごころ》です。情熱《じょうねつ》です。誠実《せいじつ》です。根本《こんぽん》は「必《かなら》ず自分以上に立派《りっぱ》な人材に育てるのだ」との強き祈《いの》りです。

子どもが見ているのは、担当者《たんとうしゃ》の「心」であり、「生き方」です。「真剣《しんけん》さ」です。

私も青年時代から、あらゆる機会《きかい》を使《つか》って、学会っ子を励《はげ》ましてきました。会合で個人会場《かいじょう》を訪《おとず》れた際《さい》には、必ず提供者《ていきょうしゃ》の方に御礼《おんれい》を述《の》べるとともに、その家のお子さんに声をかけてきました。

――先生の奥様《おくさま》も、幼《おさな》き日、牧口先生を、座《ざ》談会《だんかい》の会場だったご自宅《じたく》にご案内《あんない》した未来部の〝第一期生〟です。さらに奥様は、女子部時代、会合などで、お母さん方に連《つ》れてこられた子どもたちに、本を読み聞かせて励まされるなど、まさに「二十一世紀使命会《しめいかい》」

の大先輩《だいせんぱい》でもあります。

名誉会長　「子どもは未来の宝《たから》だ。未来からの使者《ししゃ》だと思って大事《だいじ》にしなさい」――これが戸田先生の指導でした。私も妻《つま》も、このご指導通《どお》りに行動してきただけです。

――上越《じょうえつ》教育大学の森島慧《あきら》名誉教授も、学会の人材育成《いくせい》を評価《ひょうか》してくださり、「子どもの発達段階《はったつだんかい》において、二十代、三十代の青年層《せいねんそう》の方が、就学期《しゅうがくき》の子どもたちとかかわり、良き兄、良き姉として相談《そうだん》等にものっていることは、大変に重要《じゅうよう》なことだと考えます」と語《かた》られました。

名誉会長　良識《りょうしき》ある方々《かたがた》は、本当によく見てくださっている。殺伐《さつばつ》とした社会にあって、未来の世代《せだい》を徹《てっ》して大切にする学会の連帯《れんたい》は、ますます希望と輝《かがや》いています。

――先生から、「二十一世紀使命会《しめいかい》」と命名《めいめい》していただいて、今年（二〇一〇年）で十五周年。先生は同会《どうかい》の友に、「二十一世紀の広布《こうふ》の指導者を育《そだ》てる皆様こそ、最高の使命の人であり、大功労者《だいこうろうしゃ》である」と激励《げきれい》してくださいました。

名誉会長　人材を育てた人こそが真《しん》の人材です。

太陽の温《あたた》かな光《ひかり》があればこそ、万物《ばんぶつ》は成長できる。太陽とは「希望」です。「勇気」です。「慈愛《じあい》」です。

使命会《しめいかい》の皆さんは、ますます意気軒高《いきけんこう》に未来部員を照《て》らす「太陽」と輝《かがや》いてほしい。

人の何倍《なんばい》も忙《いそが》しいし、思うようにいかないことも多々《たた》あるでしょう。でも、太陽は、何があろうとも、平然《へいぜん》と悠然《ゆうぜん》と昇《のぼ》る。わが使命の軌道《きどう》を、迷《まよ》わず惑《まど》わずに進む。

大聖人《だいしょうにん》は「法華経《ほけきょう》は日輪《にちりん》のごとし」（御書一一一四ジベー）と仰《おお》せです。わが胸中《きょうちゅう》に、何ものにも負《ま》けぬ常勝《じょうしょう》の太陽を赫々《かっかく》と昇らせていくのです。

◆無限《むげん》の可能性《かのうせい》を開く力《ちから》に

―― 未来部には、担当者《たんとうしゃ》の励《はげ》ましをきっかけに飛躍《ひやく》したメンバーが多くいます。ある女子部のリーダーは中学三年生の時に、大きな転機《てんき》がありました。創価高校の受験《じゅけん》を考えてはいたものの、勉強が思うように進まず、あきらめかけていた時に、担当者の方が激励《げきれい》してくれたのです。「可能性がある限《かぎ》り、絶対にあきらめちゃだめだよ！」――その言葉《ことば》に奮起《ふんき》して、真剣《しんけん》に勉強を開始《かいし》でき、今でも深く感謝しているといいます。

名誉会長　創価大学や創価学園を受験してくださった皆さん、また、入学された皆さんの陰《かげ》に、どれほど多くの方々《かたがた》の激励《げきれい》や支《ささ》えがあるか。私は、創立者《そうりつしゃ》として心から感謝を申《もう》し上《あ》げたい。

若い伸《の》びゆく命《いのち》にとって、真心《まごころ》の一言《ひとこと》の励《はげ》ましは、成長を加速《かそく》する勢《いきお》いになります。

日蓮大聖人は、「人がものを教えるというのは、車が重かったとしても油《あぶら》を塗《ぬ》ることによって回り、船《ふね》を水に浮《う》かべて行きやすくするように教えるのである」（御書一五七四ジペー、通解）と仰《おお》せです。

大切なのは、未来部の友が前へ進めるように、自分の可能性《かのうせい》を発揮《はっき》できるように、励ましていくことです。心を「軽く」してあげることです。「強く」「明るく」してあげることです。

たとえ会えなくても、電話の一言《ひとこと》で、目の前の壁《かべ》が破《やぶ》れることもある。一通《つう》の置《お》き手紙《てがみ》が、その人の人生を変える場合《ばあい》だってある。

――特に、大学や高校等への進学を目指《めざ》すメンバーに対《たい》して、家族はもちろん、青年部の担当者《たんとうしゃ》も、受験生《じゅけんせい》への温《あたた》かな激励を心がけていきたいと思います。

名誉会長　受験生は、大人《おとな》が思う以上に、大きな重圧《じゅうあつ》や不安《ふあん》と戦っているものです。

大歴史学者のトインビー博士は、難関《なんかん》の試験《しけん》を前に、重圧《じゅうあつ》で押《お》しつぶされそうな時、両親《りょうしん》の励《はげ》ましが支《ささ》えになったと振《ふ》り返《かえ》っておられました。

「ベストを尽《つ》くせばいいんだ。それ以上のことは誰《だれ》にもできはしない」*と。

伸《の》び伸びと自分らしく力《ちから》を出しきっていけるように、聡明《そうめい》な応援《おうえん》をお願《ねが》いします。

◆「勉学第一」の道を

――「戸田大学」に学ばれた池田先生は、五大陸《ごたいりく》の最高学府《がくふ》から名誉学術称号《がくじゅつしょうごう》を受けてこられました。まさに、世界一の知性《ちせい》の宝冠《ほうかん》です。

私たちは今、誉《ほま》れある「池田大学」の一員として、先生から一番大切なことを教えていただいています。先生に続いて、創価の青年は、世界最高の英知《えいち》の陣列《じんれつ》を築《きず》いてまいります。

名誉会長　「学は光《ひかり》なり」。これが、大教育者であられた牧口先生、戸田先生の心です。

創価大学では猛暑《もうしょ》のなか、夏期スクーリングが行《おこな》われ、通信教育部《つうしんきょういくぶ》の方々《かたがた》が真剣《しんけん》に学ばれています。海外からも多くいらしている。これほど尊《とうと》い向学《こうがく》の姿《すがた》はありません。

いわんや、未来部の皆さんにとって、学ぶことは、かけがえのない権利《けんり》です。特権《とっけん》です。勉強をすれば、自分の視野《しや》が広がる。活躍《かつやく》の舞台《ぶたい》が大きくなる。今まで見えなかった世界が、はっきりと見えてくるようになります。

大空から大地を見渡《みわた》す「翼《つばさ》」を手に入れるようなものだ。ゆえに、今は大いに学んでもらいたい。良書《りょうしょ》を読んでもらいたい。できることなら、大学へも進んでもらいたい。

――「自分は大学へ行けなかったけれども、君《きみ》にはぜひ行《い》ってもらいたい」。担当者《たんとうしゃ》の熱《あつ》い励《はげ》ましで、進学を決意した未来部員もいます。

名誉会長　本当に尊《とうと》い。真《しん》の人間教育者の励ましです。

大聖人《だいしょうにん》は十二歳の時から、「日本第一の智者《ちしゃ》となし給《たま》へ」（御書八八八ジペー）と誓《ちか》われました。この誓願《せいがん》が、日蓮仏法の出発点《しゅっぱつてん》になっています。

この大聖人に直結《ちょっけつ》しているのが、創価学会未来部の誇《ほこ》り高き「勉学第一」の道です。「御義口伝《おんぎくでん》」には「此《こ》の法華経《ほけきょう》を閻浮提《えんぶだい》に行《ぎょう》ずることは普賢菩薩《ふげんぼさつ》の威神《いじん》の力《ちから》に依《よ》るなり」（御書七八〇ジペー）と仰《おお》せです。「普賢」すなわち「普《あまね》く賢《かしこ》い」リーダーが世界の広宣流布《こうせんるふ》を推進《すいしん》していくのです。

今日《きょう》、未来部の友が学び、力《ちから》をつけることは、明日《あす》の人類《じんるい》の希望を広げることです。

―― 私たち自身が、未来部の友と一緒《いっしょ》に、はつらつと学び、仏法の智慧《ちえ》を社会へ発揮《はっき》してまいります。今、子どもが直面《ちょくめん》する問題は、いじめや不登校《ふとうこう》、引きこもりなど、ますます複雑《ふくざつ》で難《むずか》しくなっています。


名誉会長 八十年前（一九三〇年）、牧口先生は、『創価教育学体系《たいけい》』の発刊《はっかん》に際《さい》して、ご自身の真情《しんじょう》を綴《つづ》られておりました。

〝一千万の児童《じどう》や生徒《せいと》が修羅《しゅら》の巷《ちまた》に喘《あえ》いでいる現代の悩《なや》みを、次代《じだい》に持《も》ち越《こ》させたくないと思うと、心は狂《きょう》せんばかりで、つまらない毀誉褒貶《きよほうへん》などは私の眼中《がんちゅう》にはない〟

わが教育本部の先生方も、この心を心として、本当に大変ななか、第一線《だいいっせん》の現場《げんば》に飛《と》び込《こ》んで、奮闘《ふんとう》されています。一つ一つの課題《かだい》を打開《だかい》しゆく尊《とうと》い「教育実践記録《じっせんきろく》」も、四万事例《じれい》を超《こ》えました。全国各地の「教育相談室《そうだんしつ》」も、退職教員《たいしょくきょういん》の集《つど》いである「教育名誉会《めいよかい》」の方々《かたがた》も、模範《もはん》の依怙依託《えこえたく》の存在《そんざい》と光っています。

学校だけではなく、家庭も、地域も、社会も、子どもたちの幸福のため、教育力《きょういくりょく》を高めていくことが大切です。

アメリカの未来学者のヘンダーソン博士も、「子どもたちのために奉仕《ほうし》する愛情《あいじょう》と情熱《じょうねつ》を、社会全体に蘇《よみがえ》らせる必要《ひつよう》がある」＊と語《かた》られていた。

その先駆《せんく》の模範《もはん》が、地区や支部が一体となって、子どもたちを見守《みまも》り育《はぐく》む、学会家族の世界です。

◆一ミリでも前へ！

――本当にそうですね。ある地域で、五年に及《およ》ぶ不登校《ふとうこう》を乗《の》り越《こ》えた、母と子のリレー体験《たいけん》を伺《うかが》いました。

息子《むすこ》さんは貝《かい》のように口《くち》を閉《と》ざし、何もしゃべらない日々が続いた。しかし、お母さんは、先生の「夜は必《かなら》ず朝になる」との指導と先輩《せんぱい》の励《はげ》ましに勇気を奮《ふる》い起《お》こし、一心不乱《いっしんふらん》に題目をあげました。学会活動にも、どんどん積極的《せっきょくてき》に飛《と》び出《だ》していった。そして、その日のことを、息子さんに語って聞かせたといいます。すると、ぽつりぽつりと口を開くようになり、やがて笑顔《えがお》が戻《もど》り、ついには「大学に行きたい」と言い出すまでになった。

夢を実現《じつげん》し、今、創価大学の大学院で学ぶ彼は、先生の『青春対話《たいわ》』の一節《いっせつ》を大切にしています。

「もがきながら、題目をあげ、一ミリでも二ミリでもいいから、前へ進む。そうやって生《い》き抜《ぬ》いていけば、あとで振《ふ》り返《かえ》って、ジャングルを抜けたことがわかる」と。

名誉会長　私も伺《うかが》いました。このお母さんは一番、苦《くる》しい時に、「必ず乗《の》り越《こ》えて、いつか同じ悩《なや》みを持つ人を励《はげ》ましていこう」と決めておられた。だから強かった。そして、今、その通りに、地域の子《こ》育《そだ》てのネットワークの要《かなめ》となって、皆を励まされています。

ここに、仏法の「願兼於業《がんけんおごう》」という、宿命《しゅくめい》を使命《しめい》に変えていく生き方があります。経済苦《けいざいく》や病気《びょうき》など、どの家庭にもそれぞれの課題《かだい》があるでしょう。

御書には、それは「十羅刹女《じゅうらせつにょ》が信心を試《ため》しているのであろう」（一五四四ジペー、通解）と説《と》かれています。

どんな難問《なんもん》に直面《ちょくめん》しても、臆《おく》してはならない。いよいよ、自分の信心が試されているのだと心を定《さだ》めて、勇敢《ゆうかん》に立ち向かうことです。必《かなら》ず変毒為薬《へんどくいやく》して、大きく境涯《きょうがい》を開くことができるからです。

――学会家族には、こうした黄金《おうごん》の体験《たいけん》が、無数《むすう》にあります。内外《ないがい》の友に、功徳《くどく》の体験を大いに語《かた》っていきたいと思います。

名誉会長　時代は、仏法を強く深く求《もと》めています。大聖人《だいしょうにん》は「力《ちから》あらば一文一句《いちもんいっく》なりともかたら《談》せ給《たま》うべし」（御書一三六一ページ）と仰《おお》せです。

――青年部は大確信《だいかくしん》に燃《も》えて、新しい広宣流布《こうせんるふ》の拡大《かくだい》の波《なみ》を起《お》こしていただきたい。

悪縁《あくえん》の多い時代にあって、創価の対話《たいわ》こそ善縁《ぜんえん》の拡大です。今は携帯《けいたい》電話やパソコンによるメールやインターネットを介《かい》した犯罪《はんざい》に、未成年《みせいねん》が巻《ま》き込《こ》まれるケースも増えています。大切な未来部員や青年部員が、事件や事故《じこ》に絶対に巻き込まれないよう、皆で注意《ちゅうい》していきたいと思います。

名誉会長　大聖人は、末法悪世《まっぽうあくせ》の乱《みだ》れた人心《じんしん》を「虎《とら》のごとし」（御書一二一七ページ）と述《の》べておられる。とくに現代は、凶悪《きょうあく》な犯罪や、これまでの常識《じょうしき》が通用《つうよう》しないような事件も多い。日ごろから、地域や家庭で注意を呼《よ》びかけていくことが重要《じゅうよう》です。

「心にふかき・えうじん《用心》あるべし」（御書一一七六ページ）です。油断《ゆだん》は大敵《たいてき》です。根本《こんぽん》は、真剣《しんけん》な日々の勤行《ごんぎょう》・唱題《しょうだい》です。

◆「親孝行《おやこうこう》」は未来部の合言葉《あいことば》

――ところで、未来部と接《せつ》するなかで、「どうしても世代間《せだいかん》ギャップを感《かん》じてしまう」という担当者《たんとうしゃ》の声もあります。

名誉会長　そうだね。ただ、君《きみ》たちが未来部員だった時の担当者の方々《かたがた》も、きっと同じ悩《なや》みを持っていたと思うよ。（笑い）

でも、世代《せだい》が違《ちが》うからこそ、子どもたちに伝《つた》えられることがある。

学校では、だいたい同じ年齢の友人たちとの付《つ》き合《あ》いしかないのが普通《ふつう》です。そうした中で、社会経験《けいけん》もあり、一回《ひとまわ》り大きな視野《しや》に立つ先輩《せんぱい》の意見《いけん》やアドバイスは、本当に貴重《きちょう》です。教育の面《めん》でも、社会的に見ても、実《じつ》に深い意味があります。

良き兄、良き姉として、話をじっくりと聞いてあげることです。まず、こちらが心を開いて仲良《なかよ》くなることです。難《むずか》しく考えることはありません。仏法は本有無作《ほんぬむさ》です。広宣流布《こうせんるふ》へ邁進《まいしん》する、ありのままの大情熱《だいじょうねつ》を誠実《せいじつ》に伝《つた》えていけばいいのです。

――池田先生が今、対談《たいだん》を進めておられるアメリカの歴史学者のハーディング博士も、語《かた》られていました。

「大人《おとな》や教師《きょうし》が、失意《しつい》や焦燥《しょうそう》の中で、子どもたちに接《せっ》しなければならない場合《ばあい》もあるでしょう。しかし、それ自体《じたい》も、格好《かっこう》の教育環境《かんきょう》となるのです。つまり、子どもたちに、大人がそうした困難《こんなん》をどう乗《の》り越《こ》えていくかを見せてあげる好機《こうき》となるからです」

名誉会長　子どもたちは本当によく見ている。大空へ伸《の》びゆく若木《わかぎ》のように、太陽の希望の光《ひかり》を求《もと》めている。心を満《み》たす豊《ゆた》かな滋養《じよう》を、真剣《しんけん》に求めています。だから、スポンジ

> **御聖訓**
>
> 親によき物を与《あた》へんと思いてせめてする事《こと》なくば一日に二三度え笑《え》みて向《むか》へとなり
>
> 「上野殿御消息《うえのどのごしょうそく》」御書一五二七ジペー

のような吸収力《きゅうしゅうりょく》を持っている。グングン成長していくんです。
前にも申《もう》し上《あ》げた通り、大聖人《だいしょうにん》は、南条時光《なんじょうときみつ》を未来部の年代《ねんだい》から、何度《なんど》も何度も激励《げきれい》しておられました。若くして父を亡《な》くした時光に、まさに慈父《じふ》のごとく、一人《ひとり》の人間としての大成《たいせい》を願《ねが》われて御指導《ごしどう》されています。

―― 時光が大聖人から賜《たまわ》った御手紙《おてがみ》は、御書全集で三十編《ぺん》を超《こ》えます。

名誉会長　その一編一編《いっぺん》が、未来部にとっても永遠《えいえん》の指針《ししん》です。
「親によき物を与《あた》へんと思いてせめてする事《こと》なくば一日に二三度えみ《笑》て向《むか》へとなり」（御書一五二七㌻）とも、こまやかに教えてくださった。子どもが微笑《ほほえ》んでくれるだけで、親はうれしいものなんだよ。

―― 「親孝行《おやこうこう》」は、先生から繰《く》り返《かえ》し教えていただいた、未来部の合言葉《あいことば》です。

◆祈《いの》り、励《はげ》まし、見守《みまも》る

名誉会長　大聖人は、未来を担《にな》いゆく時光に期待されるがゆえに、信心の姿勢《しせい》については厳《きび》しく御指導された。十代の時光に、退転者《たいてんしゃ》、反逆者《はんぎゃくしゃ》の名前を列挙《れっきょ》されて、その師敵対《してきたい》と破和合僧《はわごうそう》の本質《ほんしつ》を教えてもおられます。

「日蓮が弟子《でし》にせう《少輔》房《ぼう》と申《もう》し・のと《能登》房といゐ・なごえ《名越》の尼《あま》なんど申せし物どもは・よく《欲》ふかく・心をくびやう《臆病》に・愚癡《ぐち》にして・而《しか》も智者《ちしゃ》となのりし・やつばら《奴原》なりしかば・事《こと》のをこ《起》りし時・たより《便》をえて・おほく《多》の人を・おと《落》せしなり」（御書一五三九ページ）

要《よう》するに「貪欲《どんよく》」「臆病《おくびょう》」「愚癡」「増上慢《ぞうじょうまん》」に心を食《く》い破《やぶ》られた人間であると。

後継《こうけい》の若き生命に、正義《せいぎ》と真実《しんじつ》を鮮烈《せんれつ》に刻《きざ》みつけていかれたのです。

この御指導《ごしどう》を受けきって、時光《ときみつ》は悪《あく》と戦い、同志《どうし》を守《まも》る破邪顕正《はじゃけんせい》の指導者へ成長していきました。

弟子が師弟不二《していふに》の正義に奮《ふる》い立《た》った時、令法久住《りょうぼうくじゅう》の道が開かれるのです。

――長い目で見守《みまも》ってくださる師匠《ししょう》のまなざしほど、ありがたいものはありません。

高等部の代表で結成《けっせい》された鳳雛会《ほうすうかい》、鳳雛グループの方々《かたがた》が、結成二十五周年（一九九一年）の夏にお届《とど》けした記念文集《ぶんしゅう》に、池田先生は揮毫《きごう》してくださいました。

「鳳雛会　永遠《えいえん》に万歳《ばんざい》
勝利の旗《はた》高く　万歳　合掌《がっしょう》」

「学会と同志《どうし》のために
戦い尽《つ》くした勇者《ゆうしゃ》は
人間として
また正義《せいぎ》の人として
三世《さんぜ》に輝《かがや》きわたる
幸福と勝利の王者なり」

この言葉《ことば》の下には、舞《ま》い飛《と》ぶ、たくさんの鳳雛《ほうすう》の絵を描《えが》いてくださったのです。

名誉会長　人を「育《そだ》てる」ということは、その人のことを「祈《いの》り続ける」「励《はげ》まし続ける」ことです。

一人一人《ひとりひとり》が鳳雛から大鳳《おおとり》へ立派《りっぱ》に成長していく晴《は》れ姿《すがた》を見守《みまも》る。これほどの喜《よろこ》びはありません。

◆「法華経《ほけきょう》の命《いのち》を継《つ》ぐ人」に

―― 未来部躍進月間《やくしん》では「家庭における信心の継承《けいしょう》」も重要《じゅうよう》なテーマです。未来部の子どもを持つメンバーからは、どのように信心を継承《けいしょう》していけばいいか、相談《そうだん》を受けることがあります。

名誉会長　かつて私は、家庭《かてい》教育へのアドバイスとして大要《たいよう》、次の点を挙《あ》げました。

一、信心は一生。今は勉学第一で。

二、子どもと交流《こうりゅう》する日々の工夫《くふう》を。

三、父母が争《あらそ》う姿《すがた》を見せない。

四、父母が同時《どうじ》には叱《しか》らない。

五、公平《こうへい》に。他の子と比較《ひかく》しない。

六、親の信念《しんねん》の生き方を伝《つた》えよう。

子どもたちは、一人一人《ひとりひとり》が無限《むげん》の力《ちから》を秘《ひ》めている。かけがえのない豊《ゆた》かな個性《こせい》を持っています。朗《ほが》らかに自信《じしん》をもたせ、ほめて伸《の》ばしてあげてほしい。

ともあれ、信心の継承といっても、根本《こんぽん》は親自身が信心で成長する以外にない。「信心の偉大《いだい》さ」「学会の素晴《すば》らしさ」を、自《みずか》らの躍動《やくどう》する姿で快活《かいかつ》に示《しめ》していくのです。

戸田先生は「子どもは、いつも理想《りそう》をもって引《ひ》っ張《ぱ》っていってあげなさい」と語《かた》られていた。

子どもたちに自分の理想《りそう》を誇《ほこ》りをもって語《かた》れる。こんな素晴《すば》らしい親から子への贈《おく》り物《もの》はありません。

大聖人《だいしょうにん》は、門下《もんか》のお子さんの誕生《たんじょう》を寿《ことほ》がれて「現世《げんせ》には、必《かなら》ず跡《あと》を継《つ》ぐ親孝行《おやこうこう》の子であり、後生《ごしょう》には、この子に導《みちび》かれて仏《ほとけ》になられるであろう」（御書一一二三ジペー、通解）と仰《おお》せです。

学会家族にあっては、地域の未来部が、みな、わが子に等《ひと》しい宝《たから》です。

やがて迎《むか》える二〇三〇年、創立百周年のその時、今の未来部のメンバーは、さっそうと若きリーダーに成長していて、口々《くちぐち》に語ることでしょう。――自分の今があるのは、あの時に励《はげ》ましてくれたお兄さん、お姉さん、また、地域のおじさん、おばさんたちのおかげだ、と。

そして深き恩返《おんがえ》しの心で、今度《こんど》は、その時の未来部の友を真剣《しんけん》に育《そだ》てていってくれるに違《ちが》いない。地涌《じゆ》の友から、次の地涌の友へ、「法華経《ほけきょう》の命《いのち》を継ぐ人」（御書一一六九ジペー）のリレーが続きます。

壮大《そうだい》な師弟《してい》の魂《たましい》の継承《けいしょう》がある限《かぎ》り、創価学会は万代《ばんだい》に栄《さか》えます。広宣流布《こうせんるふ》の松明《たいまつ》は、万年《まんねん》へ燃《も》え続けます。

「正義《せいぎ》の走者《そうしゃ》」「勝利の旗《はた》の走者」である未来部、そして青年部の皆さんに、私はあらためて心から申《もう》し上《あ》げたい。

「二十一世紀の創価学会を、よろしくお願《ねが》いします！」と。

人間の善性《ぜんせい》の結合《けつごう》

堂々《どうどう》と語《かた》れ！　慈悲《じひ》とは勇気

――この十月（二〇一〇年）は、池田先生がニューヨークの国連《こくれん》本部で、「二十一世紀はアフリカの世紀」と展望《てんぼう》されて満《まん》五十年に当《あ》たります。その佳節《かせつ》に、コートジボワール共和国《きょうわこく》からの「コートジボワール功労勲章《こうろうくんしょう》コマンドール章」の受勲《じゅくん》、誠《まこと》におめでとうございます。全学会員《ぜんがっかいいん》にとって、これほどの喜《よろこ》びはございません。

名誉会長　師弟《してい》は不二《ふに》ですから、牧口先生、戸田先生に謹《つつし》んで捧《ささ》げる栄誉《えいよ》です。私が拝受《はいじゅ》する顕彰《けんしょう》は、ＳＧＩの平和・文化・教育の運動が支持《しじ》され、讃嘆《さんたん》されている証《あかし》でもある。

コートジボワールの理事長はじめ二万人を超《こ》える尊《とうと》き同志《どうし》は、模範《もはん》の国民として活躍《かつやく》されています。特に青年部の奮闘《ふんとう》が目覚《めざ》ましい。私は、後継《こうけい》の君《きみ》たち青年にすべての使命《しめい》と栄光の大道《だいどう》を譲《ゆず》り、託《たく》す思いです。

五十年前（一九六〇年）、私が「アフリカの世紀」を確信《かくしん》したのは、なぜか。歴史上、最《もっと》も苦労してきた大地に、独立国家《どくりつこっか》が次々《つぎつぎ》と誕生《たんじょう》し、若きリーダーたちが勇《いさ》んで立ち上がって、清新《せいしん》な息吹《いぶき》で希望の建設《けんせつ》を開始《かいし》していたからです。

青年には無窮《むきゅう》の力《ちから》がある。いわんや、正《ただ》しき信仰《しんこう》を持つ青春ほど強いものはない。

——今、アフリカは四十カ国・地域でメンバーが生き生きと活躍しています。十年以上、内戦《ないせん》で苦《くる》しんできた西アフリカのシエラレオネでも、池田華陽会《かようかい》の女性リーダーを中《ちゅう》心《しん》に活発《かっぱつ》に座談会《ざだんかい》を行《おこな》い、平和へ対話《たいわ》の波《なみ》を起《お》こしています。

◆心の空白《くうはく》を越《こ》えて

名誉会長　「対話は、弱き者の武器《ぶき》に非《あら》ず。強き者の武器なり」——これは、アフリカの賢人《けんじん》と謳《うた》われた、コートジボワールのウフェ・ボワニ初代大統領《だいとうりょう》の信念《しんねん》でした。

君たちの勇気の対話が、いかに大きな力を持っているか。学会の歴史も常《つね》に青年が先陣《せんじん》をきってきた。青年が青年を糾合《きゅうごう》し、新《あら》たな歴史の潮流《ちょうりゅう》を起《お》こしていくのです。

日本も、うかうかしていられないよ。


―― はい。社会は、ますます先行《さきゆ》きが不透明《ふとうめい》です。友人との人間関係も、携帯《けいたい》電話やメールなど、表面的《ひょうめんてき》なつながりはあっても、心を通《かよ》わせる対話《たいわ》にまでは、なかなか深まりません。そのなかで、創価の青年には師《し》が示《しめ》してくださる未来への指標《しひょう》がある。心から信じられる同志《どうし》がいる。これほど幸《しあわ》せなことはありません。今、日本でも仏法対話の波《なみ》が広がり、新たに入会を希望する青年が続いています。


名誉会長　うれしいね。

「二人《ににん》・三人・百人と次第《しだい》に唱《とな》へつたふるなり、未来も又《また》しかるべし、是《これ》あに地涌《じゆ》の義《ぎ》に非《あら》ずや」（御書一三六〇㌻）との御断言《ごだんげん》に違《たが》わぬ姿《すがた》です。大聖人《だいしょうにん》が、どれほど喜《よろこ》んでくださることか。

ともあれ、青年は本来、心の底《そこ》で、汝《なんじ》自身を真《しん》に輝《かがや》かせていける確《たし》かな哲理《てつり》を欲《ほっ》しているのではないだろうか。

私の青春時代、戦後《せんご》の混乱期《こんらんき》もそうでした。大人《おとな》たちの態度《たいど》は、戦前《せんぜん》の戦争礼賛《せんそうらいさん》から百八十度、豹変《ひょうへん》し、青年の心には根深《ねぶか》い人間不信《ふしん》が影《かげ》を落《お》としました。しかしそれでも、青年たちは信ずるに足《た》る哲学《てつがく》を求《もと》めてやまなかった。

幸《さいわ》いにも、私は戸田先生に巡《めぐ》りあい、生命尊厳《そんげん》の仏法を知ることができた。心の底《そこ》で渇望《かつぼう》していたから、本物《ほんもの》に出あえた喜《よろこ》びも大きかった。この時代に入会した青年は多くがそうでした。その歓喜《かんき》が、当時の「青年学会」を築《きず》いたのです。

――戦後《せんご》の荒野《こうや》とも相通《あいつう》ずる、心の空白《くうはく》や孤独《こどく》、精神《せいしん》の荒廃《こうはい》が、現代社会にもあります。雇用《こよう》の問題も深刻《しんこく》であり、真《しん》の生《い》き甲斐《がい》ある充実《じゅうじつ》の人生を若者《わかもの》は望《のぞ》んでいます。だからこそ、青年部の仏法対話《たいわ》が、社会的にも深い意義《いぎ》を持っていると実感《じっかん》します。

名誉会長　そうだね。

今ほど人々の心が分断《ぶんだん》され、人間の絆《きずな》が弱まっている時代はないかもしれない。

人間は一人《ひとり》では生きていけない。どんなに強がってみても、孤独《こどく》な人生はわびしい。本当の幸福感《こうふくかん》を得《え》ることはできません。孤立《こりつ》した青年が増えていけば、社会もまた、多くの問題に直面《ちょくめん》してしまうでしょう。

一人一人が本当に豊《ゆた》かな人生を生きるために、今こそ人間の心を結《むす》ぶ哲学と対話が求められているのです。

◆我《わ》が身が「宝《たから》」の存在《そんざい》

――先日、ある女子部員から「私たちの創価の対話《たいわ》は、何を目指《めざ》しているのでしょうか」との質問《しつもん》を受けました。そう聞かれると、一言《ひとこと》で「広宣流布《こうせんるふ》です」と答えたくなりますが……。

名誉会長　正《ただ》しいけれど、その女子部員が聞きたかったことは違《ちが》うんじゃないかな（笑い）。大事《だいじ》な質問です。

一つの角度《かくど》から敷衍《ふえん》すれば、私たちの対話は、「人間の結合《けつごう》」を深め、広げていく運動であると言ってよい。それは「善性《ぜんせい》の連帯《れんたい》」の拡大《かくだい》とも表現《ひょうげん》できるでしょう。

「御義口伝《おんぎくでん》」には「喜《き》とは自他共《じたとも》に喜《よろこ》ぶ事《こと》なり」「自他共に智慧《ちえ》と慈悲《じひ》と有《あ》るを喜とは云《い》うなり」（御書七六一ジベー）と仰《おお》せです。

私たちの対話が目指しているものは、何か。自他ともの「仏性《ぶっしょう》」の開発です。それは、智慧と慈悲が輝《かがや》く生命の最高の善性の開放《かいほう》でもある。

――以前、先生に教えていただいた不軽菩薩《ふきょうぼさつ》の実践《じっせん》を思い出します。人間尊敬《そんけい》の哲学《てつがく》を復興《ふっこう》し、万人《ばんにん》が尊極《そんごく》な存在《そんざい》とされる時代を築《きず》くことですね。

名誉会長　その通りです。でもそれが簡単《かんたん》だったら、こんなに苦労しない。（笑い）「難信難解《なんしんなんげ》」というように多くの人は、自身に尊極の「仏《ほとけ》の生命」が具《そな》わっていることが信じられません。我《わ》が身が、無限《むげん》の可《か》能性《のうせい》を持つ「宝《たから》の存在」であることに気がつかないのです。

自分を卑下《ひげ》する人がいる一方《いっぽう》で、「自分は特別《とくべつ》だ」と傲《おご》って他人《たにん》を見下《みくだ》し、万人が平等《びょうどう》

御聖訓

喜《き》とは自他《じた》共《とも》に喜《よろこ》ぶ事《こと》なり

「御義口伝《おんぎくでん》」御書七六一ジペー

に尊貴《そんき》だとは認《みと》められない人もいる。友人と仏法対話《たいわ》をしても、なかなか理解《りかい》してもらえないという経験《けいけん》は、皆も多く持っているでしょう。

究極的《きゅうきょくてき》に言えば、私たちの対話は、不幸《ふこう》と分断《ぶんだん》を生《う》み出《だ》す魔性《ましょう》との戦いであり、人間への不信《ふしん》と憎悪《ぞうお》をもたらす無明《むみょう》との闘争《とうそう》といえる。

御書には、その激《はげ》しさについて「第六天《だいろくてん》の魔王《まおう》・十軍《じゅうぐん》のいくさを・をこして・法華経《ほけきょう》の行者《ぎょうじゃ》と生死海《しょうじかい》の海中《かいちゅう》にして同居穢土《どうこえど》を・とられじ・うばはんと・あらそう」（一二二四ジペー）と記《しる》されています。

折伏《しゃくぶく》も、友好拡大《ゆうこうかくだい》も、家庭訪問《ほうもん》も、すべて相手《あいて》の仏性《ぶっしょう》を敬《うやま》うという哲学《てつがく》の実践《じっせん》です。エゴと不信が渦《うず》巻く社会の中で、これほど人間を信頼《しんらい》し、行動を重《かさ》ねている団体が、どこにあるだろうか。

◆仏の種《たね》は必《かなら》ず花開く

―― あのマハトマ・ガンジーの精神《せいしん》を受《う》け継《つ》ぐ令孫《れいそん》のアルン・ガンジー氏（ガンジー非暴力《ひぼうりょく》研究所創設者《そうせつしゃ》）も、「人間を人間として尊敬《そんけい》できる自分になる。そうした一人《ひとり》一人の行動が徐々《じょじょ》に広がっていくしか、社会を変え、世界を変えることはできません」と語《かた》られました。そして、創価の「人間革命《かくめい》」に、その希望を見出《みいだ》しておられました。普通《ふつう》だったら、これ以上は無理《むり》だとあきらめることも、学会の先輩方《せんぱいがた》は粘《ねば》り強《づよ》く対話《たいわ》を続けて、道を開かれました。

名誉会長　御書には「仏《ほとけ》をば能忍《のうにん》」（九三五㌻）、「忍辱《にんにく》の心を釈迦牟尼仏《しゃかむにぶつ》」（七七一㌻）と仰《おお》せです。この御金言《ごきんげん》を、悪世末法《あくせまっぽう》で体現《たいげん》してきたのが、わが同志《どうし》です。

たとえ反発《はんぱつ》されようとも、相手《あいて》に仏性《ぶっしょう》が具《そな》わることを信じるからこそ、折伏《しゃくぶく》をするのです。それが友人に対《たい》する最高の尊敬《そんけい》の行動となる。仏法対話は、お互《たが》いを高め合う道です。語りかけた分だけ、相手の仏性が目覚《めざ》めて動き始める。とともに、こちらの仏性もいよいよ強くなる。

大聖人《だいしょうにん》は「法華経《ほけきょう》を耳にふれぬれば是《これ》を種《たね》として必《かなら》ず仏になるなり」（御書五五二㌻）と仰せです。

仏法を語り、「仏の種」を友の心に植《う》えていくならば、それは必ず花開いていく。

――　大阪の友人を折伏するために、半年間、毎週のように東京から彼の家に通《かよ》った男子部のリーダーがいます。必死《ひっし》に祈《いの》り、対話《たいわ》したにもかかわらず、その友人は信心をするには至《いた》りませんでした。彼は本当に落《お》ち込《こ》んだそうです。でも、驚《おどろ》いたことに、隣《となり》の部屋で友人の母親がじっと話を聞いていたのです。そして、以前からその方を折伏《しゃくぶく》していた彼の母親に「信心をしたい」と言って入会しました。十年後には、長年《ながねん》の祈りが結実《けつじつ》し、その友人も御本尊をいただくことができたのです。この対話を通して、相手《あいて》を信じ抜《ぬ》くことの大切さを学び、友人との絆《きずな》も、いっそう強くなったといいます。

名誉会長　いい話だね。なぜ、一人《ひとり》の男子部の真剣《しんけん》な叫《さけ》びが相手の心に響《ひび》くのか。なぜ、さわやかな女子部の笑顔《えがお》が、固《かた》く閉《と》ざされた心を開くのか。なぜ、英知《えいち》の学生部の熱誠《ねっせい》が、友の命《いのち》を揺《ゆ》り動《うご》かすのか。

それは、皆の生命に偉大《いだい》な「対話の力《ちから》」が備《そな》わっているからです。

法華経《ほけきょう》には地涌《じゆ》の菩薩《ぼさつ》の特質《とくしつ》として「難問答《なんもんどう》に巧《たく》みにして　其《そ》の心に畏《おそ》るる所無《な》く」（法華経四七二ジ－）と説《と》かれている。若き地涌の君《きみ》たちは、この悪世《あくせ》に広宣流布《こうせんるふ》を実現《じつげん》する開拓力《かいたくりょく》、突破力《とっぱりょく》をもって出現《しゅつげん》しているのです。

根本《こんぽん》は勇気です。凡夫《ぼんぷ》にとって、慈悲《じひ》に代《か》わるのが勇気だからです。

「勇気の対話《たいわ》」が「慈悲《じひ》の対話」に通《つう》ずる。最《もっと》も地道《じみち》な対話こそ、最も確実《かくじつ》な「善《ぜん》の行動」です。「幸福の拡大《かくだい》」です。人間の心を結《むす》びながら、人類《じんるい》の境涯《きょうがい》を変えゆく、壮大《そうだい》な「人間性の復興《ふっこう》」でもある。

◆人間外交《がいこう》の模範《もはん》

――先生は「対話の力《ちから》」「振《ふ》る舞《ま》いの力」で、全世界《ぜんせかい》に友情と平和の連帯《れんたい》を広げてこられました。三十六年前（一九七四年）には、内外《ないがい》に反対の声が渦巻《うずま》くなか、冷戦下《れいせんか》、中国に続いてソ連《れん》も初訪問《はつほうもん》されました。

名誉会長　当時、日本では、ソ連に対《たい》して〝怖《こわ》い〟というイメージが先行《せんこう》していました。私は「ソ連が怖いのではない。ソ連を知らないことが怖いのだ」との信念《しんねん》をもって、対話に踏《ふ》み出《だ》しました。

――池田先生は、ゴルバチョフ大統領《だいとうりょう》とモスクワのクレムリンで初《はじ》めてお会いされた時（一九九〇年七月）、「きょうは、大統領と〝けんか〟をしに来ました！」と語《かた》られました。これには大統領側《がわ》の通訳《つうやく》も一瞬《いっしゅん》、ドキッとしたようです。（笑い）

先生は、「火花《ひばな》を散《ち》らしながら、何《なん》でも率直《そっちょく》に語《かた》り合《あ》いましょう。人類《じんるい》のため、日《にっ》ソのために！」と続けられました。胸襟《きょうきん》を開いて、人間として対話《たいわ》を――その言葉《ことば》から始まった会見《かいけん》で、大統領《だいとうりょう》は訪日《ほうにち》の意向《いこう》を明言《めいげん》しました。翌春《よくしゅん》に、ソ連《れん》の最高指導者として初《はじ》めて日本を訪《おとず》れ、約束《やくそく》を果《は》たされたのです。

私たちは、先生と奥様《おくさま》に人間外交《がいこう》の究極《きゅうきょく》の模範《もはん》を学び、自分のいる使命《しめい》の場所で、友情と希望の対話の波《なみ》を広げてまいります。

名誉会長　仏法の生命観《せいめいかん》に照《て》らせば、国家《こっか》や民族《みんぞく》を超《こ》えて、人間は皆、十界互具《じっかいごぐ》、一念《いちねん》三千《さんぜん》の当体《とうたい》です。同じ人間として、幸福を願《ねが》い、平和を求《もと》める心に違《ちが》いがあろうはずがない。これが、根本精神《こんぽんせいしん》です。

◆大風《おおかぜ》を前進の力《ちから》に

――今の青年層《せいねんそう》には、職場でも人間関係の悩《なや》みを抱《かか》えている人が多くいます。同僚《どうりょう》との深い関《かか》わりを避《さ》けてしまい、円滑《えんかつ》な関係がつくれなかったり、他方《たほう》では、すぐに感情的《かんじょうてき》になって衝突《しょうとつ》してしまったり……。

名誉会長　さまざまな見方《みかた》はあると思うけれども、やはり根《ね》っこには、他者《たしゃ》への不信《ふしん》や、その裏返《うらがえ》しとしての自信《じしん》のなさがあるのではないだろうか。時代状況《じょうきょう》とも無縁《むえん》ではないでしょう。

御書には「末代濁世《まつだいじょくせ》の心の貪欲《どんよく》・瞋恚《しんに》・愚癡《ぐち》のかしこさは・いかなる賢人《けんじん》・聖人《しょうにん》も治《おさ》めがたき事《こと》なり」（一四六五ジペー）とあります。

人間の心が乱《みだ》れ、濁《にご》ってしまうのが、末法《まっぽう》という時代です。社会も不安定《ふあんてい》で、閉塞《へいそく》している。人間同士《どうし》の葛藤《かっとう》も絶《た》えない。だからこそ、確《たし》かな哲学《てつがく》が必要《ひつよう》となるのです。

大聖人《だいしょうにん》の御在世《ございせ》でも、四条金吾《しじょうきんご》は、主君《しゅくん》を折伏《しゃくぶく》したことや、同僚《どうりょう》の嫉妬《しっと》の讒言《ざんげん》などによって、さまざまな圧迫《あっぱく》を受けました。多くの人から目の敵《かたき》にされました。

苦境《くきょう》にあった金吾に対《たい》して、大聖人は仰《おお》せです。

「火にたきぎ《薪》を加《くわ》える時はさかんなり、大風《おおかぜふ》吹けば求羅《ぐら》は倍増《ばいぞう》するなり」（御書一一三六ジペー）と。

求羅は、風に吹《ふ》かれるほど体が大きくなるという伝説上《でんせつじょう》の虫《むし》のことです。大風という苦《く》難《なん》が吹き荒《あ》れるほど、自分自身を成長させ、信心を強固《きょうこ》にしていけると教えられているのです。

嘆《なげ》いていても始まらない。自分が人間革命《かくめい》し、強く賢《かしこ》くなっていく力《ちから》が、信心です。自分を苦《くる》しめる「悪知識《あくちしき》」をも、必《かなら》ず、成長の糧《かて》となる「善知識《ぜんちしき》」へと変えていけるのが仏法なのです。

◆「法華宗《ほっけしゅう》の四条金吾《しじょうきんご》」に

――大聖人《だいしょうにん》は他方《たほう》で、金吾に対《たい》して、「あなたは短気《たんき》であるから火の燃《も》えるようなところがある」（御書一一六九ページ、通解）と、直情型《ちょくじょうがた》の行動を戒《いまし》められていますね。

名誉会長　金吾は実直《じつちょく》だが、短気な側面《そくめん》もあったようだ。そうした行動で、同僚《どうりょう》や周囲《しゅうい》の人々と無用《むよう》の軋轢《あつれき》を生んではならない、と御指導《ごしどう》されているのです。

御書を拝《はい》すると、大聖人が門下《もんか》の性格や状況《じょうきょう》を熟知《じゅくち》され、「これほどまでに」と思うほど、こまやかに激励《げきれい》されていたことがよくわかります。

また大聖人は金吾に対し、どんな厳《きび》しい状況にあっても「すこしも・へつら《諂》はず振舞仰《ふるまいおお》せあるべし」（御書一一六四ページ）と言われています。

正義《せいぎ》の信念《しんねん》に生きる人生は、何があろうとも、徹《てっ》して誇《ほこ》り高くあらねばならない。臆病《おくびょう》になり、卑屈《ひくつ》になれば、悪《あく》を増長《ぞうちょう》させ、魔《ま》に付《つ》け入《い》る隙《すき》を与《あた》えてしまうからです。それでは同志《どうし》を護《まも》れない。師匠《ししょう》を貶《おとし》めてしまう。ゆえに、弟子《でし》として胸《むね》を張《は》って立ち上がるのです。師匠のため、同志のために勝ってみせると、一念《いちねん》を定《さだ》めた時、師子奮迅《ししふんじん》の力《ちから》が漲《みなぎ》るからです。

――その後、金吾《きんご》は、病気《びょうき》になった主君《しゅくん》の看病《かんびょう》などを通して再《ふたた》び厚《あつ》い信頼《しんらい》を得《え》て、以前の三倍の所領《しょりょう》を勝ち取ることができました。

名誉会長　その原動力《げんどうりょく》は、大聖人《だいしょうにん》と心を合わせた「師弟不二《していふに》」の祈《いの》りであり、勇気と誠実《せいじつ》の振《ふ》る舞《ま》いです。

御書には「強盛《ごうじょう》の大信力《だいしんりき》をいだして法華宗《ほっけしゅう》の四条《しじょう》金吾・四条金吾と鎌倉中《かまくらじゅう》の上下万人乃至《じょうげばんにんないし》日本国の一切衆生《いっさいしゅじょう》の口《くち》にうたはれ給《たま》へ」（一一一八ジペー）とあります。

この御指導《ごしどう》は、永遠《えいえん》の指標《しひょう》です。学会員は、この御金言《ごきんげん》を心肝《しんかん》に染《そ》め、歯《は》を食《く》いしばって戦ってきた。だから強いんです。

確固《かっこ》たる哲学《てつがく》に根《ね》ざした青年の連帯《れんたい》が、いよいよ光り輝《かがや》く時代です。君《きみ》たちの人間革命《かくめい》の光《ひかり》が、地域を照《て》らし、職場を照らし、社会を照らす。
「創価の連帯《れんたい》」「人間の善性《ぜんせい》の結合《けつごう》」が国家《こっか》の宿命《しゅくめい》を変え、人類《じんるい》の未来を変えていく。世界の人々が、胸《むね》をはずませ、君《きみ》たちの躍進《やくしん》を見守《みまも》っているのです。

◆奄美《あまみ》の友よ 負《ま》けるな!

——この度《たび》の奄美豪雨《ごうう》災害《さいがい》(二〇一〇年十月)で、九州青年部も、壮年部、婦人部の皆さんと共《とも》に、全力で救援《きゅうえん》活動、復旧《ふっきゅう》作業に当《あ》たっています。

名誉会長 まずはじめに、心からお見舞《みま》いを申《もう》し上《あ》げます。一日も早い復興《ふっこう》を祈念《きねん》してやみません。

——奄美の方々《かたがた》も、先生からのご伝言《でんごん》を胸に、毅然《きぜん》と立ち上がっておられると伺《うかが》いました。

名誉会長 わが奄美の誉《ほま》れの同志《どうし》は皆、師子《しし》です。筆舌《ひつぜつ》に尽《つ》くせぬ苦難《くなん》を、すべて「師子王の心」で変毒為薬《へんどくいやく》してこられた。
今度《こんど》のことも、「災来《わざわいきた》るとも変じて幸《さいわい》と為《な》らん」(御書九七九㌻)、「大悪《だいあく》をこれば大善《だいぜん》きたる」（御書一三〇〇ジペー）との御聖訓《ごせいくん》の通り、奄美《あまみ》の宝土《ほうど》がいやまして勝ち栄《さか》えていかれることを、強く強く祈《いの》っております。

―――奄美の広布《こうふ》の母たちは、何があっても「いぬちんかぎり、きばらんば」（命《いのち》の限《かぎ》り頑張《がんば》らなければ）を合言葉《あいことば》に乗《の》り越《こ》えてこられました。

名誉会長　日蓮大聖人は厳然《げんぜん》と仰《おお》せになられています。

「かかる御本尊を供養《くよう》し奉《たてまつ》り給《たま》ふ女人《にょにん》・現在には幸《さいわい》をまねき後生《ごしょう》には此《こ》の御本尊左右前後《さゆうぜんご》に立ちそひて闇《やみ》に燈《ともしび》の如《ごと》く険難《けんなん》の処《ところ》に強力《ごうりき》を得《え》たるが如く・彼《か》しこへまはり此《こ》こへより・日《にち》

御聖訓

災《わざわい》来《きた》るとも変《へん》じて幸《さいわい》と為《な》らん

「道場神守護事《どうじょうしんしゅごのこと》」御書九七九ジペー

女御前《にょごぜん》をかこみ・まほり給《たま》うべきなり」（御書一二四四ジペー）

創価の母たちをはじめ大切な大切な奄美《あまみ》の友を、仏菩薩《ぶつぼさつ》も、諸天善神《しょてんぜんじん》も、守《まも》りに護《まも》れと、私は妻《つま》と共《とも》に真剣《しんけん》に題目を送っています。

――先生が以前、奄美の友に贈《おく》られた和歌《わか》に、こうあります。

我《わ》が人生
断固《だんこ》と勝ちゆけ
奄美から
子孫末代《しそんまつだい》
栄《さか》ゆる戦《いくさ》と

今回（二〇一〇年十月）、全国ブロック長・白ゆり長大会（本部幹部会）では、同じく鹿児島県の屋久島《やくしま》と、池田先生の故郷である大田区《おおたく》の代表のお二人《ふたり》の活動報告に、大きな感動《かんどう》が広がりました。

名誉会長　こういう尊《とうと》き方々《かたがた》が、学会を守《まも》り、支《ささ》え、広げてくださっている。大聖人《だいしょうにん》も、どれほど誉《ほ》め讃《たた》えてくださるか。佐渡《さど》の阿仏房《あぶつぼう》への御文《ごもん》には、「末法《まっぽう》に入《い》って法華経《ほけきょう》を持《たも》つ男女《なんにょ》の・すがたより外《ほか》には宝塔《ほうとう》なきなり」（御書一三〇四ジペー）と仰《おお》せです。

広布《こうふ》に生きる学会員こそ、尊極《そんごく》の生命の宝塔なのです。

◆「一家和楽《いっかわらく》」の信心

――今回のお二人《ふたり》の体験《たいけん》では、最前線《さいぜんせん》での拡大《かくだい》、身近《みぢか》な地域への貢献《こうけん》とともに、麗《うるわ》しい「一家和楽」の功徳《くどく》の実証《じっしょう》に大拍手《だいはくしゅ》が送られました。

国民を対象《たいしょう》に「あなたにとって一番大切なものは何か」を問《と》う全国調査《ちょうさ》があります。最近では、半数《はんすう》が「家族」を挙《あ》げており、この答えは五十年で約四倍にも増えています。*

名誉会長　家族は人間にとって、常《つね》に返るべき「原点《げんてん》」であり「大地」といってよい。立派《りっぱ》な大邸宅《だいていたく》に住《す》んで、何一《なにひと》つ不自由《ふじゆう》がないように見えても、家族の心がバラバラで侘《わび》しいという家庭もある。

反対に、家は狭《せま》くとも（笑い）、仲良《なかよ》く温《あたた》かな家庭は幸福です。どんなに苦労があっても、家族で互《たが》いに励《はげ》まし合い、団結《だんけつ》して勝利の城《しろ》を築《きず》いていける。「一家和楽《いっかわらく》の信心」は、戸田先生が残《のこ》された永遠《えいえん》の指針《ししん》です。

――特に最近、社会では、家庭内《かていない》の不和《ふわ》やトラブルが原因《げんいん》となる事件が目立《めだ》つようになってきました。

名誉会長　「家が揺《ゆ》らぐところ、すべてが揺らぐ」*とは、フランスの大歴史家ミシュレの洞察《どうさつ》です。「家庭」を離《はな》れて、平和や幸福を論《ろん》じても、抽象論《ちゅうしょうろん》になってしまう。学会は、一人《ひとり》一人の「人間革命《かくめい》」、そして一軒《いっけん》一軒の「家庭革命」という現実に光《ひかり》を当《あ》ててきました。地道《じみち》といえば、これほど地道な、忍耐強《にんたいづよ》い戦いはない。

しかし、だからこそ、確固《かっこ》として揺るがないのです。

伝教大師《でんぎょうだいし》は、「家に讃教《さんきょう》の勤《つと》めあれば七難必《しちなんかなら》ず退散《たいさん》せん」（御書一三七四ページ）と記《しる》している。妙法の音声《おんじょう》が響《ひび》く家庭が増え、地域に生命尊厳《そんげん》の思想《しそう》が確立《かくりつ》されていくことが、いかに重要《じゅうよう》か。励まし合い、守《まも》り合い、支《ささ》え合う人間の連帯《れんたい》があるところ、どんな災難《さいなん》にも負《ま》けない「希望の安全地帯《あんぜんちたい》」が社会に広がります。

ここに、家庭と地域を基盤《きばん》とした立正安国《りっしょうあんこく》の社会の建設《けんせつ》があります。

◆「ありがとう」の一言《ひとこと》を

――男子部には、「親が信心に反対です」「妻《つま》がなかなか、学会のことを理解《りかい》してくれない」といった悩《なや》みを持つ人がいます。皆、「何《なん》とか信心をしてもらいたい」と、祈《いの》り、頑張《がんば》っています。

名誉会長　焦《あせ》らなくていいんです。私も入信当時、父が信心に反対でした。父と私の間《あいだ》に立って、母がずいぶん苦心《くしん》してくれたことを思い出します。

大聖人《だいしょうにん》は「末代《まつだい》の凡夫《ぼんぷ》此《こ》の法門《ほうもん》を聞かば唯我《ただわれ》一人のみ成仏《じょうぶつ》するに非《あら》ず父母も又即身《またそくしん》成仏せん此れ第一の孝養《こうよう》なり」（御書九八四ジベー）と述《の》べておられます。

まず自分自身が人間革命《かくめい》して、仏《ほとけ》の生命を輝《かがや》かせていくことです。家族を大事《だいじ》にしていくことです。成長して、親を安心《あんしん》させていくことです。「一切《いっさい》は現証《げんしょう》には如《し》かず」（御書一二七九ジベー）です。「道理証文《しょうもん》よりも現証にはすぎず」（御書一四六八ジベー）です。

――家族ほど、自分の実像《じつぞう》をよく知っている人はいません。どんなに取《と》り繕《つくろ》っても、すぐ見破《みやぶ》られてしまいます。（笑い）

イタリアなど海外でも、入会した青年部員が、生まれ変わったように成長していく姿《すがた》に驚《おどろ》き、続いて入会する家族が少《すく》なくないと伺《うかが》っています。

名誉会長　自分が変われば、やがて家族も変わる。根本《こんぽん》は自分です。一家《いっか》の幸福を真剣《しんけん》に祈《いの》っていけば、必《かなら》ず通《つう》じていきます。

恩師《おんし》の有名な「青年訓《せいねんくん》」には「青年は、親をも愛《あい》さぬような者も多いのに、どうして他《た》人《にん》を愛せようか。その無慈悲《むじひ》の自分を乗《の》り越《こ》えて、仏《ほとけ》の慈悲の境地《きょうち》を会得《えとく》する、人間革命《かくめい》の戦いである」とあります。青年部の皆さんは、どうか、親孝行《おやこうこう》であってほしい。

お金がなくても、できることは、いっぱいあるんだよ。明るい笑顔《えがお》。「ありがとう」の一言《ひとこと》。一本の電話……。親というのは、それだけで幸《しあわ》せな気持ちになって、元気になるものです。

不思議《ふしぎ》な縁《えにし》で結《むす》ばれた家族に、ちょっとした言葉《ことば》や振《ふ》る舞《ま》いで、感謝と愛情《あいじょう》を示《しめ》していくことが、生きる喜《よろこ》びの名曲《めいきょく》となり、人生の名画《めいが》となる。幸福を創《つく》る音律《おんりつ》となります。

大聖人《だいしょうにん》は若き南条時光《なんじょうときみつ》に、こう仰《おお》せです。

「如何《いかん》ぞ此《こ》の経《きょう》の力《ちから》にて我《わ》が母の仏にならざるべき、されば法《ほ》華経《けきょう》を持《たも》つ人は父と母と

の恩《おん》を報《ほう》ずるなり」（御書一五二八ジペー）
我《わ》が父母を絶対に成仏《じょうぶつ》させられるのが、妙法です。妙法を受持《じゅじ》し、広宣流布《こうせんるふ》しゆく青春は、それ自体《じたい》、最高の親孝行《おやこうこう》の道を歩《あゆ》んでいることを確信《かくしん》していただきたい。
――池上《いけがみ》兄弟も、父から猛反対《もうはんたい》されながら信心を貫《つらぬ》き通して、最後は一家和楽《いっかわらく》の信心を勝ち取りました。

◆魔《ま》に紛動《ふんどう》されるな

名誉会長　大聖人《だいしょうにん》は、試練《しれん》と戦う兄弟に仰《おお》せです。
「第六天《だいろくてん》の魔《ま》王或《おうあるい》は妻子《さいし》の身に入《い》つて親や夫《おっと》をたぼらかし或は国王の身に入つて法華経《ほけきょう》の行者《ぎょうじゃ》ををどし或は父母の身に入つて孝養《こうよう》の子をせむる事《こと》あり」（御書一〇八二ジペー）
民衆《みんしゅう》を幸福にさせまい、仏《ほとけ》にさせまいとする第六天の魔王の働《はたら》きは、権力者《けんりょくしゃ》などの生命に入って、正義《せいぎ》の師弟《してい》に襲《おそ》いかかってくる。この魔性《ましょう》に信心を破《やぶ》られてしまえば、一生成仏はできない。広宣流布《こうせんるふ》も断絶《だんぜつ》してしまう。
だから、強く賢《かしこ》く、魔を魔と見破《みやぶ》って、絶対に紛動されてはならないのです。

ある場合《ばあい》には、魔《ま》の働《はたら》きは、親や妻子《さいし》などの家族の身に入って、その人の最《もっと》も「大切にしている部分《ぶぶん》」「弱い部分」を責《せ》めてくる。といっても、その家族の方が魔なのではありません。魔とは、あくまでも〝働き〟です。家族それ自体《じたい》は、大切な宝《たから》です。

ですから自分の信心を試《ため》してくれるのだと受《う》け止《と》め、勇気を奮《ふる》い起《お》こして祈《いの》り、境涯《きょうがい》を開けば、必《かなら》ず「善知識《ぜんちしき》」に変わっていきます。

これが妙法です。日蓮仏法では、一切《いっさい》を大きく包《つつ》みながら、良い方向《ほうこう》へと生かしきっていけるのです。

―― 池上《いけがみ》兄弟は大聖人《だいしょうにん》の御指導《ごしどう》通り戦い抜《ぬ》き、父親も、ついに正法《しょうほう》に帰依《きえ》しました。

名誉会長　師弟不二《していふに》の勝利です。師匠《ししょう》の仰《おお》せを根本《こんぽん》とする、兄弟の団結《だんけつ》が勝利をもたらしたのです。

身近《みぢか》な人が仏法を理解《りかい》するには、かえって時間がかかる場合《ばあい》がある。それも、自分の信心を鍛《きた》えてくれていると捉《とら》えていけばいいんです。

また、信心をしないからといって「一家和楽《いっかわらく》」が実現《じつげん》できないなどと、窮屈《きゅうくつ》に考える必要《ひつよう》もありません。

信心していなくたって、家族のため、子どものために一生懸命《いっしょうけんめい》働《はたら》いてくれるお父さんも、おられる。学会活動を理解《りかい》して、応援《おうえん》してくれる家族もいる。ありがたいことじゃないか。まさに諸天善神《しょてんぜんじん》です。心から感謝していかねばなりません。

◆真剣《しんけん》の一人《ひとり》がいれば必《かなら》ず実現《じつげん》

―― 友人の中には、両親《りょうしん》の不和《ふわ》や暴力《ぼうりょく》などの問題で悩《なや》んでいる人がいます。女子部員の中にも、同じような問題に直面《ちょくめん》してきたというメンバーがいます。

名誉会長 どうか、一人一人の状況《じょうきょう》をよく聞いて、心から励《はげ》ましてあげてほしい。問題によっては、その方のプライバシーを十分《じゅうぶん》に尊重《そんちょう》した上で、経験豊《けいけんゆた》かな婦人部の先《せん》輩方《ぱいがた》などにも、力《ちから》になっていただくことです。

大聖人《だいしょうにん》は、南条時光《なんじょうときみつ》のお母さんに仰《おお》せになりました。

「法華経《ほけきょう》をたもち《持》たてまつるものは地獄即寂光《じごくそくじゃっこう》とさとり候《そうろう》ぞ」（御書一五〇四㌻）

家族の悩みは千差万別《せんさばんべつ》です。しかし、それこそ世界中の学会員が、どんな深刻《しんこく》な宿命《しゅくめい》をも打開《だかい》して、幸福を勝ち取ってきたのが、わが創価学会の八十年の功徳《くどく》の実証《じっしょう》です。

――今から二十年前（一九九〇年）、池田先生が台風《たいふう》の渦中《かちゆう》に、鹿児島の研修道場《けんしゆうどうじよう》を訪《ほう》問《もん》された折《おり》、一人《ひとり》の役員の青年を激励《げきれい》してくださったお話を先日、伺《うかが》いました。青年が自分が養子《ようし》であることなど、生《お》い立《た》ちをご報告すると、先生は、『新・平家物語《へいけものがたり》』＊の逸話《いつわ》を語《かた》ってくださいました。

実《じつ》の父が誰《だれ》かわからず煩悶《はんもん》していた若き平清盛《たいらのきよもり》に、〝じじ〟が言うのです。〝真《まこと》の父親が誰であろうと、あなたは間違《まちが》いなく一人の男の児《おこ》ではありませんか。心を太々《ふとぶと》とお持ちなさい。天地《てんち》を父母と思いなさい〟と。

先生は「君《きみ》が力《ちから》をつけて偉《えら》くなれ！　君が偉くなれば、育《そだ》ての親も生みの親も、みんな救《すく》っていけるんだよ」と励《はげ》ましてくださいました。

名誉会長　仏法には感傷《かんしよう》はありません。どんな境遇《きようぐう》であれ、久遠元初《くおんがんじよ》の太陽を、わが生命に昇《のぼ》らせて、今世《こんぜ》の使命《しめい》を立派《りつぱ》に果《は》たしきっていけるのです。

――今、その青年は世界を舞台《ぶたい》に、重責《じゆうせき》を担《にな》い飛《と》び回《まわ》っています。ご両親《りようしん》も元気に頑《がん》張《ば》っておられるそうです。

名誉会長　うれしいね。本当によかった。ともあれ、御書には「法華経《ほけきょう》一部を色心《しきしん》二法《にほう》共《とも》にあそばしたる御身《おんみ》なれば・父母・六親・一切衆生《いっさいしゅじょう》をも・たすけ給《たま》うべき御身なり」（一二一三ジペー）と仰《おお》せです。

家族の中で「一人《ひとり》」が本気《ほんき》になって立ち上がれば、全員に妙法の偉大《いだい》な功徳《くどく》をめぐらしていくことができる。大空に太陽が輝《かがや》けば、万物《ばんぶつ》を照《て》らしていけるのと同じなのです。

――　女子部でも「一家和楽《いっかわらく》」を実現《じつげん》し、はつらつと前進するメンバーがたくさんいます。

名誉会長　真剣《しんけん》の一人がいれば、必《かなら》ず「一家和楽」を実現できる。苦労した分だけ、皆を包容《ほうよう》し、励《はげ》ませる境涯《きょうがい》になるのです。

特に女子部は、青春時代に「幸福の土台《どだい》」を築《きず》いてほしい。「信心の基盤《きばん》」を確立《かくりつ》してほしい。焦《あせ》らずに、自分らしく賢《かしこ》く朗《ほが》らかに進むのです。そこに一家一族《いちぞく》の永遠《えいえん》の福徳《ふくとく》と繁栄《はんえい》を開く道があるからです。

皆、大聖人《だいしょうにん》の子どもです。大聖人に直結《ちょっけつ》する学会は、仏意仏勅《ぶついぶっちょく》の「妙法の家族」であるといってよい。

今、その〝家族〟は世界百九十二カ国・地域に広がった。人類《じんるい》の宝《たから》です。釈尊《しゃくそん》の教団《きょうだん》は「不敗《ふはい》の集《つど》い」と讃《たた》えられた。君《きみ》たち青年の熱《ねつ》と力《ちから》で、「常勝《じょうしょう》不敗の集い」たる創価の連帯《れんたい》を、歓喜《かんき》踊躍《ゆやく》して、さらに光り輝《かがや》かせてもらいたいのです。

◆行学二道《ぎょうがくにどう》の英雄《えいゆう》に

――断《だん》じて、新《あら》たな「人材・躍進《やくしん》」の連帯を広げてまいります。教学部任用試験《にんようしけん》（二〇一〇年十一月）まで、あと一カ月となり、青年部では活発《かっぱつ》な研鑽《けんさん》を行《おこな》っています。

名誉会長　人材の躍進といっても、根本《こんぽん》は一人《ひとり》一人が「行学の二道」に徹《てっ》し、信心を磨《みが》いていくことです。同世代《どうせだい》の友に大きく「人間の善性《ぜんせい》の結合《けつごう》」を広げるとともに、自分が勇敢《ゆうかん》に戦い、成長していくことだ。

大聖人《だいしょうにん》は「願《ねが》くは我《わ》が弟子《でし》等は師子王《ししおう》の子となりて群狐《ぐんこ》に笑《わら》わるる事《こと》なかれ」（御書一五八九ジペー）と仰《おお》せです。そのために、真剣《しんけん》に教学を学んでもらいたい。

受験《じゅけん》する人は、仕事など多忙《たぼう》な中での研鑽、本当にご苦労さま。一生の宝《たから》となります。

一緒《いっしょ》に勉強し、激励《げきれい》してくださる先輩方《せんぱいがた》も、よろしくお願《ねが》いします。

栄光の創立《そうりつ》八十周年の「11・18」は目前《もくぜん》です。

君《きみ》たち青年部が地涌《じゆ》の底力《そこぢから》を発揮《はっき》して、二十一世紀の新《あら》たな「青年学会」を築《きず》きゆくことを、私は心から期待し、祈《いの》り、待っています。

冥《みょう》の照覧《しょうらん》の誉《ほま》れ

労苦《ろうく》の土台《どだい》に人生の栄冠《えいかん》は輝《かがや》く

――池田先生、創価班・牙城会《がじょうかい》・白蓮《びゃくれん》グループの歴史と精神《せいしん》を綴《つづ》ってくださった『新・人間革命《かくめい》』の「厳護《げんご》」の章《しょう》の連載《れんさい》（二〇一〇年十二月～二〇一一年二月）、本当にありがとうございます。先生に教えていただいた通りに、青年部は創価学会を厳護し、新《あら》たな広宣流布《こうせんるふ》の拡大《かくだい》を成《な》し遂《と》げてまいります。

名誉会長　頼《たの》むよ。創価の未来は、すべて今の君《きみ》たちにかかっています。

その根幹《こんかん》は不屈《ふくつ》の信心であり、御書です。

戸田先生のもとで、私は、日々、御書を一文《いちもん》一文、心肝《しんかん》に染《そ》める思いで拝《はい》しました。

「つるぎ《剣》なんども・すすまざる《不進》人のためには用《もちい》る事《こと》なし、法華経《ほけきょう》の剣《つるぎ》は信心のけなげ《勇》な

る人こそ用《もちい》る事《こと》なれ鬼《おに》に・かなぼうたるべし」（御書一一二四ジベー）

これは、当時の日記に書《か》き留《と》めた御金言《ごきんげん》の一節《いっせつ》です。この仰《おお》せ通《どお》りに勇敢《ゆうかん》に進んできたから学会は勝ったのです。

ともあれ、世界広宣流布《こうせんるふ》への活動ほど、晴《は》れがましい、充実《じゅうじつ》と栄光の青春の大舞台《ぶたい》はありません。思《おも》う存分《ぞんぶん》、戦って歴史を残《のこ》してもらいたい。

――はい。先日の教学部任用試験《にんようしけん》でも、「行学《ぎょうがく》の二道《にどう》」に励《はげ》む新しい人材が続々《ぞくぞく》と育《そだ》ちました。この下半期《しもはんき》、全国で仏法対話《たいわ》の波《なみ》が巻《ま》き起《お》こり、多くの新入会者が誕生《たんじょう》しています。

◆学会の教育力《きょういくりょく》に注目《ちゅうもく》

名誉会長　うれしいね。世界中から毎日のように、新《あら》たな地涌《じゆ》の友が躍《おど》り出《で》ている報告が届《とど》きます。青年部は皆、本当に立派《りっぱ》に成長している。「時」が来ているのです。

――毎回の青年部幹部会の中継行事《ちゅうけいぎょうじ》にも、メンバーと一緒《いっしょ》に多数《たすう》の友人が参加しています。学会の会館に来るのは初《はじ》めてという方も多くいます。

最初は少《すこ》しとまどったという人も（笑い）、創価班や牙城会《がじょうかい》、また白蓮《びゃくれん》グループなどのさわやかな姿《すがた》、温《あたた》かな笑顔《えがお》に接《せっ》して安心《あんしん》するそうです。「学会って明るいね」「こんなに青年がたくさん集まっているとは思わなかった」等々、感嘆《かんたん》の声が聞かれます。

名誉会長　学会の実像《じつぞう》を見せることは、百万言《ひゃくまんげん》の説明《せつめい》にも勝《まさ》ります。

御聖訓《ごせいくん》には、「現在に眼前《がんぜん》の証拠《しょうこ》あらんずる人・此《こ》の経《きょう》を説《と》かん時は信ずる人もありやせん」（御書一〇四五ジペー）と仰《おお》せです。

仏法は抽象論《ちゅうしょうろん》でもなければ観念《かんねん》でもない。「現証《げんしょう》」です。「人の振《ふ》る舞《ま》い」です。皆のために率先《そっせん》して行動する丈夫《ますらお》の英姿《えいし》、皆の心に清々《すがすが》しい希望の響《ひび》きを贈《おく》る乙女《おとめ》の声……、一つ一つが正《ただ》しい信心の実証《じっしょう》であり、尊《とうと》き仏《ほとけ》の如《ごと》き振る舞いです。

また実際《じっさい》に、そうした青年リーダーを無数《むすう》に育《そだ》てている事実《じじつ》に、学会の「教育力《きょういくりょく》」の真《しん》価《か》を見る識者《しきしゃ》も多い。

――北海道・函館《はこだて》大学の河村博旨《はくし》名誉教授も、道内《どうない》での学会の行事《ぎょうじ》に出席《しゅっせき》された際《さい》、清潔感《せいけつかん》あふれる姿で、礼儀《れいぎ》正《ただ》しく行動する役員の姿に深く感動《かんどう》され、声を寄《よ》せてくださいました。「どうすれば青年たちをこのように育てられるのかを知りたいとさえ感じた」「現在の日本において、三代会長の師弟《してい》関係のなかで築《きず》かれた、平和勢力《せいりょく》たる創価学会こそ、青年たちに気概《きがい》を持たせることができる数少《かずすく》ない宗教《しゅうきょう》団体なのではないかと私は考えます」＊と。

不況《ふきょう》と厳《きび》しい寒《さむ》さのなか、吹雪《ふぶき》に胸張《むねは》る北海道の友にも、大きな励《はげ》ましです。

名誉会長　心ある指導者の方々《かたがた》は、未来の柱《はしら》たる青年をどう育《そだ》てるかを真剣《しんけん》に考え、手を打っておられます。それだけに、社会に貢献《こうけん》する人材群《じんざいぐん》を送り出している創価の民衆《みんしゅう》教育、人間教育の意義《いぎ》を深く理解《りかい》されているのです。

来館者《らいかんしゃ》を迎《むか》える役員の人たちは、学会の〝顔《かお》〟ともいえる存在《そんざい》です。企業《きぎょう》の経営者《けいえいしゃ》や教育者など、苦労を重《かさ》ねてこられた方が見れば、本物《ほんもの》かどうかはすぐわかります。君《きみ》たち青年部の応対《おうたい》一つ、あいさつからも、多くを察《さっ》していかれるのです。

◆当《まさ》に仏《ほとけ》を敬《うやま》うが如《ごと》くすべし

――　先月、中部のある婦人部の友人の方が、会館での会合に参加されました。途中《とちゅう》、体調《たいちょう》を崩《くず》されてしまったそうなのですが、その際《さい》の牙城会《がじょうかい》や創価班、白樺《しらかば》の方などの対応《たいおう》が親切《しんせつ》で、非常《ひじょう》に素晴《すば》らしく、心から感動《かんどう》されたそうです。そのことがきっかけとなって、今月、入会されたと伺《うかが》いました。若い世代《せだい》の友人たちは、会合や会館の運営《うんえい》、警備《けいび》などが、「ボランティア」で行《おこな》われていることを知ると、非常に驚《おどろ》き、感動しています。

名誉会長　不景気《ふけいき》な時代だし、「無《む》縁《えん》社会」といわれるほど人間のつながりも希薄《きはく》になってきた。自分のことだけを考えるので精《せい》いっぱいの人も少《すく》なくない。

そうした中で、自分も大変なのに、人のため、地域のため、広宣流布《こうせんるふ》のために、我《わ》が身を惜《お》しまず献身《けんしん》する。これほど尊《とうと》い仏事《ぶつじ》（仏《ほとけ》の仕事）はありません。

「御義口伝《おんぎくでん》」には、「釈尊《しゃくそん》八箇年《かねん》の法華経《ほけきょう》を八字に留《とど》めて末代《まつだい》の衆生《しゅじょう》に譲《ゆず》り給《たま》うなり八字とは当起遠迎当如敬仏《とうきおんごうとうにょきょうぶつ》の文《もん》なり」（御書七八一ページ）と記《しる》されています。

――　法華経の二十八品《ぼん》の要諦《ようてい》は、この「当起遠迎当如敬仏」（当《まさ》に起《た》って遠《とお》く迎《むか》うべきこと、当に仏を敬《うやま》うが如《ごと》くすべし）の八文字《もじ》に収《おさ》まっているとの仰《おお》せですね。

名誉会長　寒風吹《かんぷうふ》きすさぶ日もある。太陽が照《て》りつける日もある。どしゃぶりの雨の日もある。大雪の日もあるでしょう。しかし、どんな時も、わが創価班、牙城会《がじょうかい》、そして白《びゃく》蓮《れん》グループなど役員の皆さんは、この法華経の経文《きょうもん》の如く、仏様を迎《むか》える気持ちで、会館に集《つど》う同志《どうし》を迎《むか》えてくれている。最敬礼《さいけいれい》して仏《ほとけ》に仕《つか》える心で、任務《にんむ》についてくれている。

これほど尊貴《そんき》なことはありません。まさしく「当起遠迎当如敬仏《とうきおんごうとうにょきょうぶつ》」との「最上《さいじょう》第一の相《そう》伝《でん》」（御書七八一ジペー）を身に体《たい》しての振《ふ》る舞《ま》いなのです。

皆さんは、如来《にょらい》の使《つか》いの方々《かたがた》に尽《つ》くしている。広宣流布《こうせんるふ》を唯一《ゆいいつ》進める和合僧《わごうそう》の団体である学会を、厳然《げんぜん》と護《まも》ってくれている。

大聖人《だいしょうにん》は「末代《まつだい》の法華経《ほけきょう》の行者《ぎょうじゃ》を讃《たた》え、供養《くよう》する功徳《くどく》は、かの三業相応《さんごうそうおう》（『身に行《おこな》うこと』『口《くち》に述《の》べること』『心に思うこと』が一致《いっち》していること）の信心で一劫《いっこう》の間《あいだ》、生身《しょうしん》の仏を供養することよりも百千万億倍勝《すぐ》れていると仏典《ぶってん》に説《と》かれている」（御書一〇四四ジペー、通解）と仰《おお》せになられました。

皆さんが同志《どうし》に尽くしゆく功徳は無量無辺《むりょうむへん》であり、「冥《みょう》の照覧《しょうらん》」は絶対に間違《まちが》いないのです。

私はこの場をお借《か》りして、広布《こうふ》の法城《ほうじょう》を護り、支《ささ》えてくれている創価班、牙城会《がじょうかい》、白蓮《びゃくれん》グループの皆さんをはじめ、白樺《しらかば》グループ、各方面・県の設営《せつえい》グループ、白鳳会《はくほうかい》、創翔会《そうしょうかい》、デザイングループ、創価桜城会《おうじょうかい》、清輝会《せいきかい》、学生部の誓城会《せいじょうかい》・牙城会、また、会館守《まも》る会、サテライトグループの方々《かたがた》など、すべての陰《かげ》の功労者《こうろうしゃ》に心からの御礼《おんれい》を申《もう》し上《あ》げたい。私は皆さんの健康《けんこう》と無事《ぶじ》安穏《あんのん》を、いつもいつも祈《いの》っています。

――ありがとうございます。皆、「冥《みよう》の照覧《しようらん》」の誉《ほま》れを胸《むね》に、使命《しめい》を果《は》たし抜《ぬ》いてまいります。

◆全部、自身の功徳《くどく》に

名誉会長　御聖訓《ごせいくん》には、こう仰《おお》せです。

「人の身には、同生《どうしよう》と同名《どうみよう》という二人《ふたり》の使《つか》いを、天は、その人が生まれた時からつけておられる。この二人の神は影《かげ》が身に随《したが》うように、寸時《すんじ》も離《はな》れず、その人の大罪《だいざい》・小罪・大功徳・小功徳を少《すこ》しもおとさず、かわるがわる天に昇《のぼ》って報告していると、仏《ほとけ》は説《と》いておられます」（御書一一一五ジペー、通解）

誰《だれ》も知らないところで、広宣流布《こうせんるふ》のために、祈り、尽《つ》くしている。心を砕《くだ》いている。その尊《とうと》き行動を、全宇宙《ぜんうちゆう》の仏天《ぶつてん》は厳然《げんぜん》と見ているのです。反対に、「どうせわからないだろう」とさぼっても、それもしっかりと見られている。（笑い）

因果《いんが》の理法《りほう》は峻厳《しゅんげん》です。自分が、どう祈《いの》り、どう戦っているか、どう行動してきたかは、自身の生命に厳然《げんぜん》と刻《きざ》み残《のこ》されている。

どこまでも真面目《まじめ》に、誠実《せいじつ》に信心を貫《つらぬ》いた人が、絶対に最後は勝つ。必《かなら》ず無量《むりょう》の福運《ふくうん》を積《つ》んでいけるのです。これは六十年以上、妙法に生《い》き抜《ぬ》いてきた私の結論《けつろん》です。

大聖人《だいしょうにん》は「陰徳《いんとく》あれば陽報《ようほう》あり」（御書一一七八ページ）、そして、「かくれ《隠》ての信あれば・あらはれ《顕》ての徳《とく》あるなり」（御書一五二七ページ）とも記《しる》されています。

――池田先生と奥様《おくさま》のお姿《すがた》が、その何よりの証明《しょうめい》だと思います。

御聖訓

陰徳《いんとく》あれば陽報《ようほう》あり

「陰徳陽報御書」御書一一七八ページ

名誉会長　妙法のために行動したことは、全部、仏因《ぶついん》となり、すべて自分の仏性《ぶっしょう》を開く働《はたら》きとなる。自身の仏性が現《あらわ》れるからこそ、全宇宙《ぜんうちゅう》の諸天善神《しょてんぜんじん》が働くのです。必《かなら》ず「陽報《ようほう》」があり、「あらはれての徳《とく》」があるのです。

仏法は遠《とお》いところにあるのではない。広宣流布《こうせんるふ》のリズムの中で行動することは、全部、自分自身の功徳《くどく》になるのです。また自分だけでなく、一家一族《いっかいちぞく》が、生々世々《しょうじょうじょう》、大功徳に包《つつ》まれていく因となる。誰《だれ》が見ていようといまいと、妙法の照覧《しょうらん》だけは間違《まちが》いありません。

私がてい談《だん》を行《おこな》ったハービー・ハンコックさんも、学会行事《ぎょうじ》の際《さい》に裏方《うらかた》の役員などを喜《よろこ》んで務《つと》めてくれました。その姿《すがた》を見た報道関係者《ほうどうかんけいしゃ》は、世界的な音楽家《おんがくか》が一役員として献身《けんしん》する行動に衝撃《しょうげき》を受けたといいます。

――　それは池田先生が、先頭《せんとう》に立って示《しめ》してくださった道です。先生の、若き日の日記には記《しる》されています。

「いかなる総会にも、いかなる大事《だいじ》な闘争《とうそう》にも、誰人《たれびと》にも認《みと》められず（中略）誰人の感謝も欲《ほっ》せず、いつも、ただ陰《かげ》にて全魂《ぜんこん》を傾《かたむ》け、指揮《しき》と、楔《くさび》を打つ自己《じこ》――その宿命《しゅくめい》に、微《び》笑《しょう》を浮《う》かぶ。妙法の照覧を、私は堅《かた》く信《しん》ずるようになれた」

◆ただ広布《こうふ》のために

名誉会長　誰《だれ》からもほめられない。反対《はんたい》に悪口罵詈《あっくめり》さえされる。それでも、莞爾《かんじ》として己《おの》が使命《しめい》を果《は》たし抜《ぬ》く。

ただ師匠《ししょう》にお応《こた》えしたい。ただ広宣流布《こうせんるふ》のために――私の青春はそれだけだった。

大聖人《だいしょうにん》は仰《おお》せです。

「一切《いっさい》の人はにくまばにくめ、釈迦仏《しゃかぶつ》・多宝仏《たほうぶつ》・十方《じっぽう》の諸仏《しょぶつ》・乃至梵王《ないしぼんのう》・帝釈《たいしゃく》・日月《にちがつ》等にだにも・ふびんと・をもはれまいらせなば・なにかくるし《苦》かるべき、法華経《ほけきょう》にだにも・ほめられたてまつりなば・なにか・くるしかるべき」（御書一一三五㌻）

戸田先生のもとで、私は、あらゆる会合の企画《きかく》や運営《うんえい》にも全力を尽《つ》くしました。役員の手配《てはい》、雨天《うてん》の際《さい》の対応《たいおう》、車両や列車など輸送手段《ゆそうしゅだん》の確保《かくほ》……集《つど》ってくる同志《どうし》が最高に歓喜《かんき》して、決意をして帰《かえ》れるように、常《つね》に万全《ばんぜん》を尽くしました。

真剣《しんけん》に祈《いの》りました。億劫《おくごう》の辛労《しんろう》を尽くしました。妻《つま》も同じ心、同じ祈りです。

だから私は今、学会を陰《かげ》で支《ささ》えてくださる青年部をはじめ、多くの方々《かたがた》の心が、本当によくわかる。皆さんが何を悩《なや》み、何に苦労しているのか、手に取るようにわかります。それゆえに私は徹《てっ》して、陰《かげ》の人を励《はげ》ましてきました。皆もそれに応《こた》えてくれた。だからこそ、学会はここまで発展した。世界的な創価学会になったのです。

――先生と奥様《おくさま》のお心を女子部メンバーは、そのまま、まっすぐに受《う》け継《つ》いでまいります。

名誉会長　戸田先生は言われていた。

「やりにくいところで、うんと苦労してこそ、人間は偉大《いだい》な人になれるのだ」と。

苦闘《くとう》が人間を磨《みが》く。労苦《ろうく》の土台《どだい》の上にこそ、絢爛《けんらん》たる人生勝利の大輪《たいりん》の花が咲《さ》き薫《かお》っていくのです。

――白蓮《びゃくれん》グループの友も、各地で真剣に仏法対話《たいわ》に取り組んでいます。岐阜のあるメンバーはこの秋、勇気を出して大学の友人を学会の会合に誘《さそ》いました。その友人は平和のために行動したいとの思いを持っていたそうですが、以前、別《べつ》の友達《ともだち》から「なに真面目《まじめ》ぶってるの」と言われ、何も行動できずにいたそうです。しかし、会合に参加して学会の平和・文化運動に感動《かんどう》。さらに白蓮グループの総会などにも一緒《いっしょ》に行《い》って、「私も、人のために尽《つ》くせる生き方がしたい」と、11・12「女子部の日」に晴《は》れて入会をしたそうです。この弘教《ぐきょう》が大きな波動《はどう》となり、多くのメンバーが立ち上がりました。

名誉会長　偉《えら》いね。大事《だいじ》なのは「一人《ひとり》」です。一人が立てば、皆が立ち上がる。

御書に「竹の節《ふし》を一つ破《わり》ぬれば余《よ》の節亦《またわ》破るるが如《ごと》し」（一〇四六ジペー）と仰《おお》せです。

人ではない。自分です。自分が勇気を出して壁《かべ》を破《やぶ》ることだ。そこから、広宣流布《こうせんるふ》の緑《りょく》野《や》は大きく開けるのです。

――男子部でも、創価班、牙城会《がじょうかい》などの大学校生が先陣《せんじん》をきって弘教《ぐきょう》・拡大《かくだい》に挑戦《ちょうせん》し

御聖訓

竹の節《ふし》を一つ破《わり》ぬれば余《よ》の節亦《またわ》破るるが如《ごと》し

「法蓮抄《ほうれんしょう》」御書一〇四六ジペー

ています。大阪のある男子部員は自身を高めたいと、本年、牙城会大学校《がじょうかいだいがっこう》に入りました。大不況《だいふきょう》の波《なみ》を受け、自身の会社の経営も悪化《あっか》し、大変な状況《じょうきょう》でした。「だからこそ」と折伏《しゃくぶく》に挑戦《ちょうせん》し、石川県まで対話《たいわ》に走り、友人への弘教《ぐきょう》を実《みの》らせることができました。池田先生のご指導通《どお》り「誠実《せいじつ》」をモットーに仕事に取り組む中、業績《ぎょうせき》は大幅《おおはば》に向上《こうじょう》。今では忙《いそが》しすぎて困《こま》るほど、全国を飛《と》び回《まわ》れるようになりました。

◆訓練《くんれん》が人間をつくる

名誉会長　青年が青年を呼《よ》ぶ。若き創造《そうぞう》と開拓《かいたく》の生命で一緒《いっしょ》に前進を開始《かいし》する。ここに人間主義《しゅぎ》の時代を切り開く、広宣流布《こうせんるふ》の新《あら》たな連帯《れんたい》が築《きず》かれます。

弘教に勝《まさ》る喜《よろこ》びはない。友の幸福を願《ねが》い、真剣《しんけん》に祈《いの》り、語《かた》りきった福徳《ふくとく》は永遠《えいえん》です。

こちらが熱心《ねっしん》に対話をしても、相手《あいて》が信心しない場合《ばあい》も当然《とうぜん》あるでしょう。それでもいいんです。すでに、仏《ほとけ》になる種《たね》は、その心の大地に深く植《う》えられているからです。

大事《だいじ》なのは、勇気を出して、真心《まごころ》で語りきることです。そうすれば、何よりも自分自身が功徳《くどく》を得《え》、境涯《きょうがい》を大きく開き、より確信《かくしん》を深めることができる。

若き時代に、折伏《しやくぶく》をやり抜《ぬ》いた人は強い。自身の胸中《きようちゆう》に金剛不壊《こんごうふえ》の勝利の土台《どだい》を築《きず》くことができる。今は、その最高のチャンスなのです。

――男子部のリーダーの多くは、創価班や牙城会《がじようかい》の大学校時代に信心の原点《げんてん》を築いています。皆、口々《くちぐち》に語《かた》るのは「先輩《せんぱい》が実《じつ》によく面倒《めんどう》を見てくれた」ということです。一緒《いつしよ》に題目をあげてくれたり、悩《なや》みを聞いて励《はげ》ましてくれたり……あまりの情熱《じようねつ》に「少《すこ》し、しつこいなぁ」と思う場《ば》合《あい》もあります（笑い）。しかし、時がたつほど、そのありがたさが身にしみてきます。

名誉会長　大学校生も大変だろうけど（笑い）、励ましてくれる先輩方《せんぱいがた》も本当に偉《えら》い。皆、仕事も忙《いそが》しい。自分の悩みとも格闘《かくとう》している。そうした中で、時間をこじあけるようにして、一人《ひとり》一人に会い、激励《げきれい》をしてくれている。

「後輩《こうはい》のためなら」と労《ろう》苦《く》を惜《お》しまぬ先輩がいるから、学会の人材の流《なが》れは盤石《ばんじやく》なのです。広宣流布《こうせんるふ》は断絶《だんぜつ》することなく、未来へと発展していくことができるのです。

――学会主催《しゆさい》の講演会《こうえんかい》に講師《こうし》として招《まね》かれた識者《しきしや》は、深い信念《しんねん》を持ち、生き生きと行動する青年部の姿《すがた》に、「ここに創価学会の大きな存在意義《そんざいいぎ》を感じます」と語っておられました。学会の青年部の役員が、一流企業《いちりゅう》の社員教育にも匹敵《ひってき》する訓練《くんれん》を受けていることに感銘《かんめい》したそうです。

名誉会長　「訓練の力《ちから》ほど偉大《いだい》なものはなく、その効果《こうか》ほど強力《きょうりょく》なものはない」*

これは、イタリア・ルネサンスの思想家《しそうか》レオナルド・ブルーニの言葉《ことば》です。

若き日に訓練を受けきった生命は、時とともに、新しい歴史を創《つく》り開く力を発揮《はっき》していけるものだ。

御聖訓《ごせいくん》には「根《ね》ふかければ枝《えだ》さかへ源遠《みなもととお》ければ流長《ながれ》し」（御書一一八〇ジペー）と仰《おお》せです。人生においても「根」を張《は》り、「源」を豊《ゆた》かにすることが大事《だいじ》です。それが青春の鍛《きた》えなのです。

学会は、よりよい社会の建設《けんせつ》のために、貢献《こうけん》する人間を育《そだ》てています。ありとあらゆる分野《ぶんや》に、深き生命尊厳《そんげん》の哲学《てつがく》を身に体《たい》した人材を送り出しているのです。

――　青年部も、日々の実践《じっせん》のなかで、皆で励《はげ》まし合い、錬磨《れんま》し合っていきます。とくに年末年始は、各会館でも、火災《かさい》などの事故《じこ》に対《たい》して、いっそう注意《ちゅうい》をするように心掛《こころが》けています。

名誉会長　よろしくお願《ねが》いします。事故は断《だん》じて起《お》こしてはいけない。皆が不幸《ふこう》になってしまうからです。

御書には、「神の護《まも》ると申《もう》すも人の心つよきによるとみえて候《そうろう》」（一一八六㌻）と仰《おお》せです。「かまへて・かまへて御用心《ごようじん》候べし」（一一三二㌻）とも戒《いまし》めておられる。

絶対に、油断《ゆだん》は大敵《たいてき》です。私は、この一念《いちねん》で指揮《しき》を執《と》り続けてきました。皆も、「自分が学会を護る」との責任感《せきにんかん》に立って、強盛《ごうじょう》なる祈《いの》りと細心《さいしん》の注意《ちゅうい》を絶対に忘《わす》れないでもらいたい。

◆挑戦《ちょうせん》は青年の特権《とっけん》

―― 今、一般《いっぱん》に少子高齢化《しょうしこうれいか》が進み、青年世代《せだい》の人が少《すく》ない地域が増えています。学会でも、青年部だけの会館任務《にんむ》や行事運営《ぎょうじうんえい》が難《むずか》しくなっている場《ば》合《あい》があります。こうした中で、どのようなことを心掛《こころが》けていけばいいでしょうか。

名誉会長　大切な問題です。基本《きほん》は地域の実情《じつじょう》に即《そく》して、よく考えていくことです。

新しい会館も増えているし、会合も多様化《たようか》している。「昔《むかし》はこうだった」という考えが通用《つうよう》しないことも多い。

大事《だいじ》なのは、同志《どうし》を思いやる「慈悲《じひ》」から発《はっ》する「智慧《ちえ》」です。皆で「団結《だんけつ》」して「工夫《くふう》」していくことです。

壮年部や婦人部の方ともよく相談《そうだん》をしながら、「どうすれば万全《ばんぜん》の運営《うんえい》ができるか」「どうすれば役員の負担《ふたん》が過度《かど》にならないか」を考えていっていただきたい。

今は、ありがたいことに、壮年部の王城会《おうじょうかい》や婦人部の香城会《こうじょうかい》の方々《かたがた》も、着任《ちゃくにん》してくださっている。青年部も、尊《とうと》き百戦錬磨《ひゃくせんれんま》の先輩方《せんぱいがた》に学び、智慧を出し合いながら、地域の宝城《ほうじょう》を厳然《げんぜん》と護《まも》り抜《ぬ》いてほしいのです。

――青年部には偉大《いだい》な「厳護《げんご》」の魂《たましい》を受《う》け継《つ》ぎながら、広布《こうふ》を拡大《かくだい》し、新時代を必《かなら》ず勝ち開いていく使命《しめい》があります。

名誉会長　牧口先生は「羊千匹《ひつじせんびき》より獅子《しし》一匹《いっぴき》」と叫《さけ》ばれた。学会青年部は、一人《ひとり》が万軍《ばんぐん》に勝《まさ》る勇者《ゆうしゃ》の集《つど》いです。

「挑戦《ちょうせん》」は青年の特権《とっけん》です。「現状《げんじょう》を維持《いじ》しよう」とか「失敗《しっぱい》をしないようにしよう」といった「守《まも》りの心」に陥《おちい》ってはいけない。

どんどん、勇敢《ゆうかん》に打って出るのです。青年が少《すく》なかったら、祈《いの》って増やすのです。人材が足《た》りなかったら、一人《ひとり》を一騎当千《いっきとうせん》に育《そだ》てればいい。

学会は、何もないところから、ここまで広げてきた。まさに命懸《いのちが》けの戦いでした。

大聖人《だいしょうにん》は宣言《せんげん》されている。

「日蓮が法華経《ほけきょう》を信じ始めしは日本国には一渧《いったい》・一微塵《いちみじん》のごとし、法華経を二人《ににん》・三人・十人・百千万億人・唱《とな》え伝《つた》うるほどならば妙覚《みょうかく》の須弥山《しゅみせん》ともなり大涅槃《だいねはん》の大海《たいかい》ともなるべし仏《ほとけ》になる道は此《こ》れよりほかに又《また》もとむる事《こと》なかれ」（御書二八八ジペー）

これが、永遠《えいえん》に変わらざる広宣流布《こうせんるふ》の方程式《ほうていしき》です。

広布《こうふ》の未来も、人類《じんるい》の未来も、すべて君《きみ》たちにかかっている。若き諸君《しょくん》が地涌《じゆ》の底力《そこぢから》を発揮《はっき》して、新しい「創価青年学会」を築《きず》いていくのです。

「人材・躍進《やくしん》の年」（二〇一一年）は、その新《あら》たなスタートの重要《じゅうよう》な一年です。壮年・婦人の皆さんも、全力で青年部の活躍《かつやく》を応援《おうえん》してくれています。青年らしく、学会っ子らしく、生き生きと、挑戦《ちょうせん》してもらいたい。

――二〇一一年は、日顕宗《にっけんしゅう》と決別《けつべつ》し、創価ルネサンスの大道《だいどう》を堂々《どうどう》と歩《あゆ》んで二十年の節目《ふしめ》です。一切《いっさい》に完全《かんぜん》勝利するためにもまず、年頭《ねんとう》から開幕《かいまく》ダッシュをしていきます。また大躍進《だいやくしん》の決意を込《こ》めて、はつらつと、会館で同志《どうし》の皆様をお迎《むか》えします。

今、白蓮《びゃくれん》グループも、アメリカやブラジル、韓国や台湾《タイワン》など、全世界《ぜんせかい》に広がっています。世界中の会館で、池田華陽会《かようかい》のメンバーが、訪《おとず》れる方々《かたがた》を、最高の笑顔《えがお》と真心《まごころ》で迎えています。

◆今から！　ここから！

名誉会長　すごい時代になったね。全世界で地涌《じゆ》の若人《わこうど》が、地域のため、社会のため、人類《じんるい》の幸福と平和のため献身《けんしん》している。大聖人《だいしょうにん》のお喜《よろこ》びはいかばかりかと、私の胸《むね》は躍《おど》ります。

創立《そうりつ》百周年への大闘争《だいとうそう》の幕《まく》は開かれました。いよいよ「今から」「ここから」「自分から」、新《あら》たな広布《こうふ》の山を登《のぼ》りゆくスタートです。二〇三〇年は、世界広布の七十周年でもある。どれほど壮大《そうだい》にして絢爛《けんらん》たる妙法流布《みょうほうるふ》の時代を迎えることか。

「広宣流布《こうせんるふ》の時一閻浮提《いちえんぶだい》の一切衆生《いっさいしゅじょう》・法華経《ほけきょう》の行者《ぎょうじゃ》となるべきを涌出《ゆじゅつ》とは云《い》うなり」（御

書八三四ジベー）と仰《おお》せです。

人類《じんるい》は、いよいよ妙法の英知《えいち》を待ち望《のぞ》んでいます。新しい一年も私と同じ信心に立って、「陰徳陽報《いんとくようほう》」という、着実《ちゃくじつ》にして偉大《いだい》な一歩《いっぽ》また一歩を踏《ふ》み出《だ》してもらいたい。

そして、踊躍歓喜《ゆやくかんき》して、世界の青年と手を携《たずさ》えながら、人々が目を見張《みは》る勝利、勝利の歴史を築《きず》きゆくことを、私は祈《いの》っています。

引用・参照文献

34頁　ロバート・V・ブルース『孤独の克服――グラハム・ベルの生涯』唐津一監訳、NTT出版
40頁　『実践的理想主義』鹿島守之助訳、鹿島研究所出版会
48頁　高橋健二訳編『人生の知恵 4　ゲーテの言葉（新装版）』彌生書房
66頁　小池辰雄編『眠られぬ夜のために《新装版》』登張正実・小塩節訳、白水社
79頁　「二十一世紀への対話」、『池田大作全集 3』収録、聖教新聞社
141頁　『青淵百話』同文館
176頁　『A・J・トインビー　回想録 I』山口光朔・増田英夫訳、社会思想社
179頁　「地球対談　輝く女性の世紀へ」、『池田大作全集 114』収録、聖教新聞社
207頁　中村隆・前田忠彦・土屋隆裕・松本渉「国民性の研究　第12次全国調査――2008年全国調査」、「統計数理研究所研究リポート 99」所収、統計数理研究所、参照
208頁　「ルター」長谷川光明訳、大野一道責任編集『フランス史 III』所収、藤原書店
214頁　『吉川英治全集 32　新・平家物語 1』講談社、参照
220頁　第三文明編集部編『インタビュー　外から見た創価学会 II』第三文明社
232頁　「ピエトロ・パオロ・イストリアーノに献じられた対話篇」髙田康成訳、池上俊一監修『原典イタリア・ルネサンス人文主義』所収、名古屋大学出版会

池田大作（いけだ・だいさく）

昭和３年（1928年）、東京生まれ。創価学会名誉会長。創価学会インタナショナル（SGI）会長。創価大学、アメリカ創価大学、創価学園、民主音楽協会、東京富士美術館、東洋哲学研究所、戸田記念国際平和研究所などを創立。世界各国の識者と対話を重ね、平和、文化、教育運動を推進。国連平和賞のほか、モスクワ大学、グラスゴー大学、デンバー大学、北京大学など、世界の大学・学術機関の名誉博士、名誉教授、さらに桂冠詩人・世界民衆詩人の称号、世界桂冠詩人賞、世界平和詩人賞など多数受賞。

著書は『人間革命』（全12巻）、『新・人間革命』（現23巻）など小説のほか、対談集も『二十一世紀への対話』（A・トインビー）、『二十世紀の精神の教訓』（M・ゴルバチョフ）、『平和の哲学　寛容の智慧』（A・ワヒド）、『地球対談　輝く女性の世紀へ』（H・ヘンダーソン）など多数。

御書と青年

二〇一二年九月十二日　発行

著　者　池田大作
発行者　松岡　資
発行所　聖教新聞社
〒一六〇-八〇七〇　東京都新宿区信濃町一八
電話　〇三-三三五三-六一一一（大代表）
印刷所　株式会社　精興社
製本所　大口製本印刷株式会社

＊

定価はカバーに表示してあります
落丁・乱丁本はお取り替えいたします

ISBN978-4-412-01494-7